Sicher verschlüsseln mit XOR

Michael Ebner

Sicher verschlüsseln mit XOR

Verschlüsselung ohne Hintertüren selbst programmiert

**Bibliographische Information
der Deutschen Nationalbibliothek**

Die Deutsche Nationalbibliothek verzeichnet diese
Publikation in der Deutschen Nationalbibliographie;
detaillierte bibliographische Daten sind im Internet
über http://dnb.d-nb.de abrufbar.

ISBN 9783741227035

Copyright 2016 Michael Ebner

Alle Rechte vorbehalten

Herstellung und Verlag: BoD - Books on Demand, Norderstedt

Inhaltsverzeichnis

5 Daten verstecken 115

6 Chat 145

Index 157

Vorwort

Zur Motivation für dieses Buch habe ich in Kapitel 1 ausführlich
Stellung bezogen. Von daher kann ich es an dieser Stelle kurz
machen: Viel Spaß mit diesem Buch und herzlichen Dank an Dr.
Walter Ebner für die Korrekturen.

Mössingen im Juni 2016

Michael Ebner

info@tabu-datentechnik.de

1

1.1 Haben Sie etwas zu verbergen?

Haben Sie etwas zu verbergen? Ich gehe mal davon aus, dass der durchschnittliche Leser dieses Buches keine finsteren Absichten hat, sich nicht im Widerstand gegen eine faschistische, sozialistische oder wie auch immer geartete Diktatur befindet, und auch im Bereich der Wirtschaftsspionage kein besonders lohnendes Ziel ist. Warum sollten Sie sich also mit sicherer Verschlüsselung befassen?

Etwas länger darüber nachgedacht, fällt Ihnen vielleicht doch eine ganze Menge an Daten ein, die Sie lieber unter Verschluss halten möchten:

- Haben Sie so etwas wie eine EC- oder Kreditkarte? Die hat eine PIN. Ok, die können Sie sich vielleicht noch so merken.

- Hat Ihr PC ein Passwort? Zumindest deswegen, damit ein Dieb nicht ganz so viel Freude damit hat?

- Nutzen Sie Online-Handel wie eBay? Nutzen Sie PayPal? Auch da haben Sie Passwörter?

- Sind Sie in Online-Communities unterwegs? Facebook? Twitter? Internet-Foren? Sind Sie Gedächtniskünstler, dass Sie sich alle die Passwörter merken können? Oder sind es besonders einfache Passwörter - also nicht besonders sichere? Oder nutzen Sie überall dasselbe Passwort - so dass alle Ihre Accounts offen liegen, sobald auch nur ein Webmaster mal schlampig gearbeitet hat?

- Betreiben Sie etwa selbst Webserver? Möglicherweise Online-Communities und haben damit eine besondere Verantwortung für die Zugangsdaten, die Ihnen von Ihren Nutzern anvertraut wurden?

Bislang ging es nur um Passwörter. Es gibt aber auch jede Menge anderer Daten, die Sie schützen wollen oder müssen:

- Sind Sie Berufsgeheimnisträger? Geistlicher? Arzt? Anwalt? Journalist? Wie schützen Sie die Daten, die Ihnen dabei anvertraut werden?

- Sind Sie im Vorstand eines Vereins, einer Gewerkschaft, einer Partei und haben Sie in diesem Zusammenhang mit Mitgliederdaten zu tun?

- Sind sie Unternehmer oder haben Sie als Angestellter in einem Unternehmen mit Daten zu tun, die ihre Mitbewerber nichts angehen?

Und natürlich gibt es auch viele andere Gelegenheiten, in denen Menschen allen guten Grund haben, dass Dinge vertraulich bleiben:

- Haben Sie gesundheitliche Probleme, die sich besser nicht rumsprechen sollten?

- Arbeiten Sie als Sexarbeiterin und wollen ihre Kundendatenbank geheim halten - oder umgekehrt: Sind Sie Kunde bei Sexarbeiterinnen und wollen nicht, dass deren Kontaktdaten einem ungebetenen Besucher ihres Rechners in die Hände fallen?

- Wollen Sie die Kommunikation zu einer früheren Beziehung nicht vernichten (es könnten ja schöne Erinnerungen daran hängen), aber ihre aktuelle Beziehung soll das doch besser nicht lesen?

- Benutzen Sie zusammen mit neugierigen Kindern (oder auch neugierigen Eltern) denselben Rechner?

- Möchten Sie, dass persönliche Aufzeichnungen wie z.B. Ihr Tagebuch auch wirklich persönlich bleiben?

Möchten Sie Ihre Vermögensverhältnisse nicht ganz so offen-
legen, weil sonst das Ende ihrer Ehe noch viel teurer würde,
als es ohnehin schon würde?

Halten Sie sich vielleicht gar nicht im deutschsprachigen
Raum auf, sondern in einem Staat, der doch ein ganz anderes
Verständnis von Meinungsfreiheit hat?

Also, noch mal: Haben sie etwas zu verbergen? Wenn ja: Herzlichen Glückwunsch, Sie haben dieses Buch nicht am Bedarf vor-
bei gekauft. Wenn nein: Sie können hier aufhören zu lesen und
dieses Buch verschenken.

1.2 Was ist heute noch sicher?

Da Sie ja noch immer hier lesen, haben Sie also etwas zu verbergen.
Mit hoher Wahrscheinlichkeit ist das bereits digitalisiert, also
als Datei auf Ihrem Rechner oder Ihrem Smartphone. Damit
können Sie jetzt eines der vielen im Netz angebotenen
Verschlüsselungstools nutzen, viele davon sind OpenSource,
damit können Sie sogar jede Zeile im Quelltext prüfen.

Ist das dann sicher?

Ist es sicherer als unverschlüsselt? Ist es so sicher, dass nicht
mal die NSA das knacken könnte? Gibt es Hintertürchen? Und
vor allem: Wie wollen Sie das beurteilen?

Bevor es hier weitergeht, erst mal eine Zwischenbemerkung:
Dieses Buch richtet sich an Laien, nicht an Krypto-Experten. Es
ist Anspruch dieses Buches, dass der Laie in Sachen Kryptographie und auch sonst mit Computer-Kenntnissen eher auf Ein-
steiger-Niveau hier jeden Satz und jede Code-Zeile versteht.
Warum das wichtig ist, klären wir ein wenig später.

Verschlüsselung von Daten funktioniert in den meisten Fällen
so, dass diese Daten so bearbeitet werden, dass Sie sich nicht
mehr lesen lassen. Diese Verarbeitung lässt sich rückgängig

13

machen (man möchte ja wieder an die Daten ran, sonst könnte man sie ja gleich löschen). Um diese Verarbeitung rückgängig zu machen, braucht man "den Schlüssel". Üblicherweise muss man ein Geheimnis kennen, meist ein Passwort. So weit der Regelfall.

Wann ist nun ein Verfahren "unsicher"? Da gibt es grundsätzlich zwei Möglichkeiten:

1.) Das Verfahren oder das Passwort ist zu schwach.

2.) Es ist eine gezielte Schwäche oder Hintertür eingebaut.

Schwache Passwörter und schwache Verfahren

Die eine Möglichkeit ist, dass das Verfahren oder das Passwort schwach ist. Einfacher ist das mit dem schwachen Passwort zu erklären: Nehmen wir die klassische PIN ihrer Kontokarte: Das ist einer vierstellige Zahl, also von 0000 bis 9999, somit zehntausend verschiedene Möglichkeiten. Nehmen wir weiter an, die Prüfung dieser PIN würde eine Sekunde dauern. Um alle 10.000 Möglichkeiten durchzuprobieren bräuchten Sie also 10.000 Sekunden, das sind knapp 3 Stunden. In den allermeisten Fällen müssten Sie auch nicht alle 10.000 mögliche Kombinationen ausprobieren, sondern wären bereits früher am Ziel, im statistischen Mittel nach 5.000 Sekunden.

Beim Geldautomaten wird dieses Problem dadurch gelöst, dass nach der dritten Falscheingabe die Karte eingezogen wird. Da gibt es aber auch eine Bank, mit der man das Problem dann anschließend klären kann. Bei Verschlüsselungssoftware sieht das ein wenig schwieriger aus: Natürlich könnte diese Software nach der dritten Falscheingabe die Daten vernichten; aber dann wären die halt weg, und das ist auch nicht im Sinne der Kundschaft. Zudem würde sich die verschlüsselte Datei beliebig oft kopieren lassen, und bei jeder Kopie hätte man dann drei Versuche - das treibt nur den Aufwand in die Höhe, macht die Daten aber nicht wirklich sicher.

Kurz: Zu einfache Passwörter (oder zu einfache verwendete Geheimnisse) machen die Verschlüsselung unsicher.

Warum ein Verfahren zu schwach sein kann ist schwerer zu verstehen, dazu müssen wir erst mal klären, wie denn solche Verfahren überhaupt arbeiten, und das ist ohne erhebliche mathematische Kenntnisse kaum möglich. Also kratzen wir für den Moment nur mal kurz an der Oberfläche, für dieses Kapitel reicht das völlig aus.

Die meisten Verfahren arbeiten mit einer mathematischen Operation, die in die eine Richtung deutlich einfacher zu berechnen ist als in die andere. Ein Beispiel dafür ist die Faktorisierung: Wenn ich Ihnen die Aufgabe stellen würde, in welche Primfaktoren sich die Zahl 254819 zerlegen lässt, dann würden die meisten von Ihnen vor einem Problem stehen, und selbst diejenigen, die es rechnen können, würden dafür ihre Zeit brauchen. Für die Aufgabe 37*71*97 zückt man mal eben den Taschenrechner (oder das Smartphone mit entsprechender App) und kommt dann auf das Ergebnis 254819.

Die "Sicherheit" dieser Verfahren beruht also nicht darauf, dass man sie nicht knacken kann, sondern darauf, dass es einfach zu lange dauern würde, alle Möglichkeiten durchzuprobieren. Das Problem hier ist der technische Fortschritt: Computer werden immer leistungsfähiger. Verschlüsselungsverfahren, bei denen das Knacken zum Zeitpunkt der Entwicklung Jahrhunderte gedauert hätte, können wenige Jahre später innerhalb von Wochen geknackt werden. Eine besondere Rolle spielen da moderne Gamer-Graphikkarten, die von ihrer Rechenleistung häufig der CPU überlegen sind, und inzwischen zu sehr überschaubaren Preisen erhältlich sind.

Für die Verschlüsselung Ihrer Passwörtern mag dies ein eher unbedeutendes Problem sein: Wenn die Passwörter-Datei in ein paar Jahren lesbar werden sollte, sind die Passwörter hoffentlich schon längst geändert, das gewonnene Wissen also wertlos. Es gibt jedoch durchaus auch Daten, die auch noch in ein paar Jahren geschützt sein sollten.

Gezielte Schwächen und Hintertüren

Ein anderes Problem ist, dass in Verschlüsselungssoftware möglicherweise gezielte Schwächen oder Hintertüren eingebaut wurden. Eine klassische Hintertür wäre ein zusätzliches Passwort, das neben dem vom Benutzer verwendeten Passwort funktioniert. So etwas kann vom Hersteller höchst offiziell eingebaut werden, um für den Fall weiterhelfen zu können, dass der Benutzer sein eigenes Passwort vergisst. Das Problem dabei: Sobald dieses Hersteller-Passwort in die falschen Hände fällt, sind alle mit der Software verschlüsselten Daten "offen". Und das Problem ist nicht damit gelöst, dass man nach einer entsprechenden Warnung des Herstellers dann halt ein anderes Verfahren einsetzt. Erstens ist noch lange nicht gesagt, dass der Hersteller das rechtzeitig erfährt und genauso rechtzeitig warnt. Zweitens könnte ein Angreifer längst eine Kopie der Daten gezogen haben, damit ist der Wechsel des Verfahrens wirkungslos.

Solche Master-Passwörter mögen bei manchen technischen Geräten vertretbar sein. Wenn jedoch ein Verfahren zur Datenverschlüsselung eine Hintertür besitzt, dann darf es nicht eingesetzt werden. Die Frage ist, ob man rechtzeitig davon erfährt.

Denn nicht immer werden solche Hintertüren höchst offiziell eingebaut. Während ich diese Zeilen schreibe, geht durch die Medien gerade der Streit zwischen Apple und der US-amerikanischen Regierung, weil ein Gericht Apple dazu verurteilt hat, ein paar Sicherheitsmaßnahmen des iPhone 5 außer Kraft zu setzen. Das erstaunlichste an dieser Angelegenheit ist, dass dieser Konflikt den Weg in die Öffentlichkeit gefunden hat, sind doch beide Seiten eigentlich daran interessiert, dies möglichst "geräuschlos" zu erledigen. Weder möchten Strafverfolger und Geheimdienste, dass die Bürger erfahren, was denn nicht mehr sicher ist, noch möchten das die Hersteller. Von daher wäre es nicht das unwahrscheinlichste Szenario, dass es entsprechende Hintertüren längst gibt und hier einfach nur abgesprochen eine Show für das Image abgezogen wird.

Von dem konkreten Fall mit dem iPhone mal abgesehen: Es spricht eine erhebliche Wahrscheinlichkeit dafür, dass ein nicht ganz kleiner Teil moderner Speicher- und Kommunikationstechnik Hintertüren hat. Die Strafverfolger und die Geheimdienste haben ein hohes Interesse daran, sind üblicherweise nicht übertrieben zimperlich bei der Durchsetzung der eigenen Interessen, wenig Hersteller haben die finanzielle Potenz, sich einen ernsthaften Konflikt mit den US-Behörden leisten zu können, und es gibt ja nicht nur den Weg über die Geschäftsführung – manchmal reicht ein einziger Mitarbeiter an der richtigen Stelle, der käuflich oder erpressbar ist, und die Sicherheit des Produktes ist nicht mehr gegeben. Und natürlich sind es nicht nur US-Behörden – viele Staaten haben Geheimdienste, nicht selten gehört die Wirtschaftsspionage mit zum Aufgabenbereich, damit kann man auch als völlig unbescholtener Bürger zum Ziel werden.

Auch bei den Strafverfolgungsbehörden kann man nun nicht davon ausgehen, dass diese ihre technischen Möglichkeiten ausschließlich auf legale Weise einsetzen. So mancher Beamte überdehnt im "Jagdeifer" die eigenen Befugnisse, und bei der großen Zahl von Beamten ist naturgemäß auch die Zahl der "schwarzen Schafe" nicht mehr so ganz klein, auch wenn sie relativ nur einen winzigen Prozentsatz ausmachen.[1]

Eine wirkliche Hintertür ist zumindest in Open-Source-Programmen ziemlich unwahrscheinlich. Ein fest codiertes Passwort oder etwas ähnliches ist im Quellcode (das ist eine Datei in der Programmiersprache, die dann vom Compiler in Maschinensprache übersetzt wird) vergleichsweise auffällig, das bekommt man nicht so ohne Weiteres einem Open-Source-Projekt untergeschoben.

---

[1] Als kleines Beispiel: Aus einer Anfrage des Landtagsabgeordneten Patrick Breyer (http://www.patrick-breyer.de/?p=97136) hat sich ergeben, dass in Schleswig-Holstein 2012 acht Fälle von Datenmissbrauch durch Polizeibeamte rechtskräftig festgestellt wurde - das sind jetzt nur die Fälle, die a) irgendwie aufgefallen sind, denn Stichprobenkontrollen finden keine statt und b) nicht "unter Kollegen auf dem kleinen Dienstweg" ihre Erledigung gefunden haben.

17

Anders sieht es mit einer gezielten Schwächung des eingesetzten Verfahrens aus. Bei manchen Verfahren reicht eine recht
unscheinbare Änderung im Algorithmus (das Berechnungs-
verfahren), und die verschlüsselte Datei ist erheblich schneller
zu knacken. Die Schwierigkeit dabei ist, dass das alles meist
sehr komplex ist, so dass es nicht mehr viele Programmierer
gibt, denen solche Schwachstellen auffallen - und die teilen sich
auch noch auf mehrere Projekte auf.

Noch mal: Was ist heute noch sicher?

Damit kommen wir wieder zur Ursprungsfrage zurück: Was kann
heute noch als sicher gelten? Und vor allem: Wer kann das im
Einzelfall beurteilen.

Wie vorhin erwähnt: Dieses Buch richtet sich an Laien. Also an
Menschen,   die   den   Quellcode   einer   Open-Source-
Verschlüsselungsbibliothek nicht verstehen werden, noch nicht
mal in groben Zügen. Die darauf vertrauen müssen, dass die
Entwickler ein paar Idealisten sind, die ihre Freizeit damit ver-
bringen, unentgeltlich Verschlüsselungssoftware zu schreiben.
Und nicht ein paar bezahlte Geheimdienstmitarbeiter, die der
Öffentlichkeit eine Bibliothek schreiben, deren Verschlüsselungsergebnisse ihr Brötchengeber vergleichsweise einfach mitlesen
kann. Und die darauf vertrauen müssen, dass diesen Idealisten
– wenn es tatsächlich solche sein sollten – keiner ein Angebot
gemacht hat, das diese nicht ablehnen konnten. Und dass viele
Menschen diese Sources selbst kompilieren und das Ergebnis
mit dem vergleichen, was da fertig kompiliert zur Download angeboten wird.

Reden wir nicht drum herum: Für den Laien hat Verschlüsselung viel mit Glauben und wenig mit Wissen zu tun. Er kann
glauben, dass mit den von ihm eingesetzten Tools schon alles
seine Richtigkeit hat, aber er kann das nicht überprüfen. Er kann
das glauben, was ihm tatsächliche oder vermeintliche Experten

sagen, er kann darauf vertrauen, dass die Ahnung haben von der Materie, und natürlich muss er auch darauf vertrauen, dass sie ihn nicht gezielt belügen, aus was für Gründen auch immer.

Oder polemisch zugespitzt: Seine Verschlüsselungs-Tools stehen auf etwa derselben Stufe wie die unbefleckte Empfängnis oder die 72 Jungfrauen im Paradies.

1.3 Was lässt sich tun?

Sich jetzt auf den Standpunkt zu stellen, dass ohnehin alles keinen Zweck hat, und folglich auf Verschlüsselung zu verzichten, wäre nun der völlig falsche Schluss.

Sollten Sie zu einem fertigen Tool greifen wollen, dann spricht eine erhebliche Wahrscheinlichkeit dafür, dass sie mit einem sehr gebräuchlichen Open-Source-Programm die beste Wahl treffen. Was gerade die beste Wahl ist, wenn Sie diese Zeilen lesen, vermag ich nicht zu prognostizieren, googeln Sie für den Einstieg mal nach *TrueCrypt*.

Allerdings hätte ich dieses Buch nicht geschrieben, wenn ich nicht eine andere Lösung zu bieten hätte: Entwickeln Sie Ihre Verschlüsselungssoftware selbst.

Bevor jetzt die Experten Schnappatmung bekommen: Selbst entwickelte Verschlüsselungssoftware eignet sich nur für einen begrenzten Anwendungsbereich. Für z.B. Online-Banking brauchen Sie das nicht in Erwägung ziehen, weil ja ihre Bank mit demselben Verfahren arbeiten muss, und die würde Ihnen was husten, wenn Sie mit dem Vorschlag kommen, dass Sie eigene Verfahren verwenden.

Es eignen sich auch längst nicht alle Verfahren dafür, dass Laien damit ihre Tools bauen. Ehrlich gesagt, eignen sich nur ganz wenige Verfahren dafür.

19

Aber zäumen wir das Pferd doch mal von der anderen Seite auf: Was sind denn die Anforderungen?

* Das Verfahren soll sicher sein. Und zwar nicht sicher im Sinn von "da braucht man enorm viel Rechenleistung, um das zu knacken", sondern "beweisbar sicher".

* Vertrauen soll unnötig sein. Sie sollen mir nicht vertrauen, ich könnte ahnungslos, gekauft oder erpresst sein. Misstrauen Sie mir! Hinterfragen Sie jeden Satz und vor allem jede Zeile Code.

* Daraus folgt: Das Verfahren soll so einfach sein, dass Sie auch als Laie (okay, demnächst dann nicht mehr "Laie", sondern "Einsteiger") jede Zeile Code verstehen können.

Geht das? Alles zusammen?

Ja, das geht. Das Verfahren ist auch schon seit langem bekannt: XOR-Verschlüsselung mit langem, nur einmal verwendeten Schlüssel. Mathematisch bewiesen, dass es - bei korrekter Anwendung - nicht knackbar ist; nicht jetzt und auch nicht mit aller Rechenleistung, die in 1000 Jahren alle dann existierenden Rechner zusammen haben. Sicher im Sinne von sicher.

Und? Wo ist der Haken?

Nun ja, das Verfahren gilt wegen der erforderlichen Schlüssellänge als wenig praktikabel. Und eben an dieser Stelle habe ich ein paar Ideen entwickelt, wie man das doch praxistauglich machen kann.

Und? Warum schreibe ich dann ein Buch und nicht ein Verschlüsselungstool, das endlich mal wirklich sicher ist?

Wenn Sie sich diese Frage ernsthaft stellen, dann sollten Sie noch mal von vorne lesen.

Okay, da das ja doch keiner macht, hier noch mal zum mitmeißeln:

1. Wenn es diesen einen Server gibt, auf dem das Tool zum Download liegt, dann haben viele Menschen ein enorm hohes Interesse, diesen Server zu kompromittieren und ihr eigenes Tool – mit welchen Veränderungen auch immer – unterzuschieben.

2. Und selbst wenn sich dieser Server nicht kompromittieren lassen sollte (was mich sehr wundern würde), dann besteht immer noch die Möglichkeit, dass man mir ein Angebot macht, das ich nicht ablehnen kann (und ich bin nicht so naiv zu glauben, dass das hohe Geldbeträge sein würden...).

3. Und selbst wenn es ein Open-Source-Projekt würde, bei dem kein fertig kompiliertes Ergebnis angeboten würde, besteht immer noch die Gefahr, dass jemand dem Server geänderten Source-Code unterschiebt. Alternativ behauptet lässt sich auch behaupten, der Code wäre geändert, man würde sich Viren runterladen, oder was auch immer man sich da ausdenken kann. Oder es wird eine DDOS-Attakte[2] gegen den Server gefahren.

Kurz: Wenn es diese eine Stelle gibt, wo es das Tool gibt, dann wird diese eine Stelle zum lohnenden Ziel für Angriffe aller Art. Wenn dezentral viele Menschen sich ihre Tools bauen, dabei jede Zeile aus einem Buch abtippen und dabei darüber nachdenken, ob das, was sie da gerade programmieren, in Ordnung ist – dann ist dieser Prozess per se enorm schwer korrumpierbar.

Ja, ich gebe zu, dass dies für Sie der unbequemere Weg ist. Aber Bequemlichkeit und Sicherheit schließen sich nun mal gegenseitig aus.

---

[2]DDOS steht für distributed denial of service - viele Rechner greifen laufend auf den Server zu und überlasten ihn damit.

Verschlüsselung
mit XOR

Wir wollen in diesem Kapitel klären, wie die Computer mit 0 und 1 rechnen, was eine XOR-Operation ist, wie man damit verschlüsselt und warum der Schlüssel so lange sein muss wie die Nachricht und nur einmal verwendet werden kann.

Sollte Ihnen das bereits alles klar sein, dann können Sie es dabei belassen, dieses Kapitel nur durchzublättern.

2.1 Rechnen mit 0 und 1

Ein Computer arbeitet intern mit dem binären Zahlensystem. Im binären Zahlensystem gibt es nur zwei Ziffern: 0 und 1. Das ist nicht viel. In dem uns vertrauten Dezimalsystem haben wir zehn Ziffern, von 0 bis 9. Will man im Dezimalsystem Werte grö-ßer 9 darstellen, so verwendet man einfach eine weitere Ziffer. Mit zwei Ziffern kommen wir schon von 0 bis 99, mit drei Ziffern von 0 bis 999.

Dasselbe macht man auch im binären Zahlensystem, mit dem Unterschied, dass man dort natürlich viel mehr Ziffern braucht. Mit zwei Ziffern kommt man von 00 bis 11, das ist jetzt nicht das dezimale 11, sondern das würde dem dezimalen 3 entsprechen. Mit zwei Bits lassen sich vier verschiedene Werte darstellen: 00 (dezimal 0), 01 (dezimal 1), 10 (dezimal 2) und 11 (dezimal 3). Mit drei Bits lässt sich der Wertebereich von 0 bis 7 (000, 001,

23

010, 011, 100, 101, 110 und 111) abdecken, mit vier Bits der Wertebereich von 0 bis 15.

Ein Byte sind acht Bits. Damit lässt sich der Wertebereich von 0 bis 255 abdecken. Es hat sich als sinnvoll herausgestellt, dass man nicht mit einzelnen Bits hantiert, sondern zumindest mal mit acht, also einem Byte. Damit lassen sich nicht nur Zahlen von 0 bis 255 darstellen, sondern – sofern man auch negative Zahlen braucht – auch der Wert von -128 bis 127, es lässt sich dabei auch ein einzelnes Zeichen darstellen, also ein Klein- oder Großbuchstabe, eine Ziffer oder ein Sonderzeichen.

Kleiner Exkurs an dieser Stelle: Da es auf der Welt nicht nur lateinische Buchstaben gibt, sondern auch griechische, kyrillische, arabische, chinesische und noch etliche mehr, reicht der Wertebereich von 0 bis 256 nicht aus, um wirkliche alle Buchstaben aller Schriften abzudecken. Deswegen gibt es auch 16-Bit-Zeichensätze, auch 2-Byte-Zeichensätze genannt. Mit 16 Bit hat man einen Wertebereich von 0 bis 65535.

Da es so viele Schriftzeichen gibt, gibt es auch dutzende von verschiedenen Zeichensätzen, die sich mehr oder weniger unterscheiden. Wenn Sie schon öfters mit dem Computer gearbeitet haben, dann haben Sie es sicher schon erlebt, dass ein Text zwar grundsätzlich lesbar, aber alle deutschen Sonderzeichen (ä, ö ü, Ä, Ö, Ü, ß) durch irgendwelchen Murks ersetzt waren. Das lag einfach daran, dass eine Datei in einem anderen Zeichensatz codiert war als das lesende Programm erwartet hat.

Über Zeichensätze und die damit einhergehende Problematiken ließe sich sicher ein eigenes Buch schreiben. Das will ich nicht tun, zumindest nicht jetzt, darum beenden wir den Exkurs. Da der deutsche Zeichensatz dem für Computer maßgeblichen englischen Zeichensatz so ähnlich ist, verwenden wir hierzulande mehrheitlich 8-Bit-Zeichensätze und können uns grob zusammengefasst merken: Ein Byte (also 8 Bit) sind ein Buchstabe eines Textes.

Die nachfolgende Liste zeigt Ihnen das 8-Bit-Wertebereich und das dazugehörende Zeichen im ANSI-Zeichensatz:

0000 0000	0	0		0010 1000	40	28	(
0000 0001	1	1		0010 1001	41	29	)
0000 0010	2	2		0010 1010	42	2A	*
0000 0011	3	3		0010 1011	43	2B	+
0000 0100	4	4		0010 1100	44	2C	,
0000 0101	5	5		0010 1101	45	2D	−
0000 0110	6	6		0010 1110	46	2E	.
0000 0111	7	7		0010 1111	47	2F	/
0000 1000	8	8		0011 0000	48	30	0
0000 1001	9	9		0011 0001	49	31	1
0000 1010	10	A		0011 0010	50	32	2
0000 1011	11	B		0011 0011	51	33	3
0000 1100	12	C		0011 0100	52	34	4
0000 1101	13	D		0011 0101	53	35	5
0000 1110	14	E		0011 0110	54	36	6
0000 1111	15	F		0011 0111	55	37	7
0001 0000	16	10		0011 1000	56	38	8
0001 0001	17	11		0011 1001	57	39	9
0001 0010	18	12		0011 1010	58	3A	:
0001 0011	19	13		0011 1011	59	3B	;
0001 0100	20	14		0011 1100	60	3C	<
0001 0101	21	15		0011 1101	61	3D	=
0001 0110	22	16		0011 1110	62	3E	>
0001 0111	23	17		0011 1111	63	3F	?
0001 1000	24	18		0100 0000	64	40	@
0001 1001	25	19		0100 0001	65	41	A
0001 1010	26	1A		0100 0010	66	42	B
0001 1011	27	1B		0100 0011	67	43	C
0001 1100	28	1C		0100 0100	68	44	D
0001 1101	29	1D		0100 0101	69	45	E
0001 1110	30	1E		0100 0110	70	46	F
0001 1111	31	1F		0100 0111	71	47	G
0010 0000	32	20		0100 1000	72	48	H
0010 0001	33	21	!	0100 1001	73	49	I
0010 0010	34	22	"	0100 1010	74	4A	J
0010 0011	35	23	#	0100 1011	75	4B	K
0010 0100	36	24	$	0100 1100	76	4C	L
0010 0101	37	25	%	0100 1101	77	4D	M
0010 0110	38	26	&	0100 1110	78	4E	N
0010 0111	39	27	'	0100 1111	79	4F	O

25

Binär	Dez	Hex	Zeichen	Binär	Dez	Hex	Zeichen
0101 0000	80	50	P	0111 1000	120	78	x
0101 0001	81	51	Q	0111 1001	121	79	y
0101 0010	82	52	R	0111 1010	122	7A	z
0101 0011	83	53	S	0111 1011	123	7B	{
0101 0100	84	54	T	0111 1100	124	7C		
0101 0101	85	55	U	0111 1101	125	7D	}
0101 0110	86	56	V	0111 1110	126	7E	~
0101 0111	87	57	W	0111 1111	127	7F	•
0101 1000	88	58	X	1000 0000	128	80	•
0101 1001	89	59	Y	1000 0001	129	81	•
0101 1010	90	5A	Z	1000 0010	130	82	‚
0101 1011	91	5B	[	1000 0011	131	83	ƒ
0101 1100	92	5C	\	1000 0100	132	84	„
0101 1101	93	5D	]	1000 0101	133	85	…
0101 1110	94	5E	^	1000 0110	134	86	†
0101 1111	95	5F	_	1000 0111	135	87	‡
0110 0000	96	60	`	1000 1000	136	88	ˆ
0110 0001	97	61	a	1000 1001	137	89	‰
0110 0010	98	62	b	1000 1010	138	8A	Š
0110 0011	99	63	c	1000 1011	139	8B	‹
0110 0100	100	64	d	1000 1100	140	8C	Œ
0110 0101	101	65	e	1000 1101	141	8D	•
0110 0110	102	66	f	1000 1110	142	8E	•
0110 0111	103	67	g	1000 1111	143	8F	•
0110 1000	104	68	h	1001 0000	144	90	•
0110 1001	105	69	i	1001 0001	145	91	'
0110 1010	106	6A	j	1001 0010	146	92	'
0110 1011	107	6B	k	1001 0011	147	93	"
0110 1100	108	6C	l	1001 0100	148	94	"
0110 1101	109	6D	m	1001 0101	149	95	•
0110 1110	110	6E	n	1001 0110	150	96	–
0110 1111	111	6F	o	1001 0111	151	97	—
0111 0000	112	70	p	1001 1000	152	98	˜
0111 0001	113	71	q	1001 1001	153	99	™
0111 0010	114	72	r	1001 1010	154	9A	š
0111 0011	115	73	s	1001 1011	155	9B	›
0111 0100	116	74	t	1001 1100	156	9C	œ
0111 0101	117	75	u	1001 1101	157	9D	•
0111 0110	118	76	v	1001 1110	158	9E	•
0111 0111	119	77	w	1001 1111	159	9F	Ÿ

Binär	Dez	Hex	Zeichen	Binär	Dez	Hex	Zeichen
1010 0000	160	A0		1100 1000	200	C8	È
1010 0001	161	A1	¡	1100 1001	201	C9	É
1010 0010	162	A2	¢	1100 1010	202	CA	Ê
1010 0011	163	A3	£	1100 1011	203	CB	Ë
1010 0100	164	A4	¤	1100 1100	204	CC	Ì
1010 0101	165	A5	¥	1100 1101	205	CD	Í
1010 0110	166	A6	¦	1100 1110	206	CE	Î
1010 0111	167	A7	§	1100 1111	207	CF	Ï
1010 1000	168	A8	¨	1101 0000	208	D0	Ð
1010 1001	169	A9	©	1101 0001	209	D1	Ñ
1010 1010	170	AA	ª	1101 0010	210	D2	Ò
1010 1011	171	AB	«	1101 0011	211	D3	Ó
1010 1100	172	AC	¬	1101 0100	212	D4	Ô
1010 1101	173	AD		1101 0101	213	D5	Õ
1010 1110	174	AE	®	1101 0110	214	D6	Ö
1010 1111	175	AF	¯	1101 0111	215	D7	×
1011 0000	176	B0	°	1101 1000	216	D8	Ø
1011 0001	177	B1	±	1101 1001	217	D9	Ù
1011 0010	178	B2	²	1101 1010	218	DA	Ú
1011 0011	179	B3	³	1101 1011	219	DB	Û
1011 0100	180	B4	´	1101 1100	220	DC	Ü
1011 0101	181	B5	µ	1101 1101	221	DD	Ý
1011 0110	182	B6	¶	1101 1110	222	DE	Þ
1011 0111	183	B7	·	1101 1111	223	DF	ß
1011 1000	184	B8	¸	1110 0000	224	E0	à
1011 1001	185	B9	¹	1110 0001	225	E1	á
1011 1010	186	BA	º	1110 0010	226	E2	â
1011 1011	187	BB	»	1110 0011	227	E3	ã
1011 1100	188	BC	¼	1110 0100	228	E4	ä
1011 1101	189	BD	½	1110 0101	229	E5	å
1011 1110	190	BE	¾	1110 0110	230	E6	æ
1011 1111	191	BF	¿	1110 0111	231	E7	ç
1100 0000	192	C0	À	1110 1000	232	E8	è
1100 0001	193	C1	Á	1110 1001	233	E9	é
1100 0010	194	C2	Â	1110 1010	234	EA	ê
1100 0011	195	C3	Ã	1110 1011	235	EB	ë
1100 0100	196	C4	Ä	1110 1100	236	EC	ì
1100 0101	197	C5	Å	1110 1101	237	ED	í
1100 0110	198	C6	Æ	1110 1110	238	EE	î
1100 0111	199	C7	Ç	1110 1111	239	EF	ï

27

1111 0000	240	F0	ð	1111 1000	248	F8	ø
1111 0001	241	F1	ñ	1111 1001	249	F9	ù
1111 0010	242	F2	ò	1111 1010	250	FA	ú
1111 0011	243	F3	ó	1111 1011	251	FB	û
1111 0100	244	F4	ô	1111 1100	252	FC	ü
1111 0101	245	F5	õ	1111 1101	253	FD	ý
1111 0110	246	F6	ö	1111 1110	254	FE	þ
1111 0111	247	F7	÷	1111 1111	255	FF	ÿ

Ganz links haben wir die binäre Darstellung als 0 und 1, wegen der besseren Lesbarkeit ist nach 4 Bit ein Leerzeichen eingefügt. Die darauffolgende Spalte stellt den Wert im dezimalen Zahlensystem dar, also als Zahl zwischen 0 und 255.

Die nächste Spalte ist die hexadezimale Schreibweise, die in der Computertechnik recht beliebt ist. Warum eigentlich? Die dezimale Schreibweise hat den Nachteil, dass man für 4 Bit ein bis zwei Zeichen braucht, da der Wertebereich bis 15 geht und bei größeren Zahlen die Umrechnung von Bits in dezimal nicht mehr im Kopf geht. Deshalb nimmt mal lieber die sogenannte hexadezimale Schreibweise, bei der ein Zeichen den Wertebereich von 0 bis 15 abdeckt – somit sind vier Bits stets ein hexadezimales Zeichen und ein Byte zwei davon. Wir werden das demnächst noch sehr intensiv nutzen.

Um dezimale von hexadezimaler Schreibweise zu unterscheiden, wird bei hexadezimaler Schreibweise oft ein $ vorangestellt, also $20 wäre dann dezimal 32. Andere gebräuchliche Schreibweisen wären 0x20 oder 20h.

In der letzten Spalte haben wir dann das entsprechende Zeichen aus dem ANSI-Zeichensatz. ANSI ist die US-amerikanische Normungsorganisation, dieser Zeichensatz ist also ganz offiziell genormt. Die Zuordnung der Bits zu den Zeichen mag willkürlich erscheinen und ist es zu einem gewissen Teil natürlich auch. Ganz am Anfang stehen Steuerzeichen, diese lassen sich nicht als Zeichen auf Papier darstellen. Zu den Steuerzeichen gehört zum Beispiel das Tabulatorzeichen oder der Zeilenumbruch. Ab $21 kommen die Sonderzeichen, ab $30 Ziffern, ab $41 Großbuchstaben, ab $61 Kleinbuchstaben.

2.2 Die XOR-Operation

Dass zwei Werte mit einem Operator verbunden werden, kennen Sie aus der Mathematik. Wenn Sie zum Beispiel die (dezimalen) Zahlen 3 und 5 mit dem Operator + verbinden, so ist das Ergebnis 8. Das schreibt man 3 + 5 = 8.

Neben den klassischen Rechenoperatoren gibt es auch logische Operatoren. Ein Beispiel für einen logischen Operator ist die UND-Verknüpfung: Wenn es regnet UND ich aus dem Haus gehe, dann werde ich nass. Ordnen wir der logischen Aussage "trifft zu" den Wert 1 und der logischen Aussage "trifft nicht zu" den Wert 0 zu, dann können wir wie folgt formulieren:

Es regnet (a)	Ich gehe aus dem Haus (b)	Ich werde nass (c)
0	0	0
0	1	0
1	0	0
1	1	1

c = a and b

Diese UND-Verknüpfung (die wir ab sofort lieber englisch AND nennen, um sie nicht mit einer Addition durcheinander zu bringen) könnte man nun auch mit größeren Zahlen durchführen – dann wird auf Bit-Ebene für jede Stelle eben eine solche AND-Operation durchgeführt.

Was wäre also 37 and 42?

Wir schreiben das zunächst bitweise untereinander:

```
0010 0101     37
0010 1010     42
```

Und suchen dann die Stellen, an denen sowohl oben als auch unten eine 1 steht; dort kommt dann in das Ergebnis auch eine 1, ansonsten eine 0:

```
0010 0000       32
```

Ein anderer logischer Operator ist das XOR, das Entweder-Oder, auch exklusives Oder, Kontravalenz, Disjunktion, Bisubtraktion, Antivalenz, Kontrajunktion oder Alternation (in Zeiten von Wikipedia ist es kein Kunststück mehr, mit ein paar Fachwörtern unglaublich klug daherzuschwafeln...).

Nehmen wir als Beispiel die Familie Müller mit ihren drei Kindern (insgesamt also 5 Personen) und ihren Esstisch mit den sechs Plätzen: Wenn Oma Friede oder Onkel Willi kommen, dann ist der Tisch voll besetzt. Kommt niemand zu Besuch, bleibt ein Platz frei, kommen beide, fehlt ein Platz:

Oma kommt (a)	Onkel kommt (b)	Tisch ist voll besetzt (c)
0	0	0
0	1	1
1	0	1
1	1	0

c = a xor b

Auch diese XOR-Funktion lässt sich mit größeren Zahlen durchführen, auch dabei wird das Ergebnis dann wieder bitweise berechnet:

Was wäre also 37 xor 42?

Wir schreiben das zunächst bitweise untereinander:

```
0010 0101    37
0010 1010    42
```

Und suchen dann die Stellen, an denen entweder oben oder unten eine 1 steht; dort kommt dann in das Ergebnis auch eine 1 – ansonsten eine 0:

```
0000 1111    15
```

37 xor 42 sind also 15. Auch 42 xor 37 sind 15.

So weit so gut. Warum sollte sich jedoch die XOR-Funktion zur Verschlüsselung eignen? Nehmen wir mal an, 37 wäre das Zeichen, das wir verschlüsseln wollen, und 42 wäre der Schlüssel. Dann wäre das Ergebnis 15. Ok, so weit waren wir ja eben schon.

Jetzt führen wir aber die XOR-Funktion noch mal durch, und zwar mit dem Ergebnis der vorherigen, also mit 15.

```
0000 1111    15
0010 1010    42
```

Wir suchen wieder die Stellen, an denen entweder oben oder unten eine 1 steht; dort kommt dann in das Ergebnis wieder eine 1 – ansonsten eine 0:

```
0010 0101    37
```

Fällt Ihnen etwas auf? Die 37 sind ja unser Ausgangswert, den wir verschlüsselt haben. Mit einer zweimal durchgeführten Verschlüsselungsoperation kommen wir also wieder auf den Ausgangswert, wir können also mit derselben Operation sowohl die Verschlüsselung als auch die Entschlüsselung durchführen. Als Formel ausgedrückt:

a xor b xor b = a

Und weil wir gerade neugierig sind, wollen wir jezt auch noch schauen, was wir erhalten, wenn wir eine XOR-Operation von Ursprungswert und verschlüsseltem Wert durchführen:

```
0010 0101    37
0000 1111    15
```

Und schon wieder suchen wir die Stellen, an denen entweder oben oder unten eine 1 steht; dort kommt dann in das Ergebnis wieder eine 1, ansonsten eine 0:

```
0010 1010    42
```

Und fällt Ihnen jetzt etwas auf? Richtig, die 42 sind ja unser Schlüssel. Damit können wir nun als Formeln formulieren:

a xor b = c

a xor c = b

b xor c = a

Um von zwei der drei Elemente Ausgangswert, Schlüssel und verschlüsselter Wert auf den dritten zu kommen, braucht es jeweils eine XOR-Operation.

2.3 Exkurs: Programmieren mit Lazarus

Als nächstes wollen wir klären, warum es keine gute Idee ist, mit einem einzelnen 8-Bit-Schlüssel einen ganzen Text zu verschlüsseln, auch wenn das technisch überhaupt kein Problem wäre. Dazu wollen wir ein kleines Programm erstellen, in dem der Computer eine von Ihnen vorgegebene Textzeile mit einem von ihm zufällig gewählten 8-Bit-Schlüssel verschlüsselt und anschließend den Text mit allen 256 möglichen Schlüsselwerten wieder entschlüsselt.

Ja, Sie haben richtig gelesen, wir erstellen mal eben ein Programm. Wie bereits erwähnt, richtet sich dieses Buch an Laien, also auch an diejenigen, die noch nie eine Zeile Quellcode geschrieben haben. Keine Sorge, da haben Sie schon ganz andere Herausforderungen gemeistert.

Was ist programmieren?

Wenn ein Computer ein Programm ausführt, dann führt er diejenigen Befehle aus, die in dem Programm enthalten sind. Diese Befehle sind für den „normalen" Menschen nicht wirklich lesbar, auch wenn man sie sich als eine lange Liste hexadezimaler Zeichen anzeigen lassen könnte.

Der erste Schritt, um sich das lesbarer zu machen, war der sogenannte Assembler-Code. Da wird jeder Anweisung im Maschinencode einem Anweisung zugeordnet, die wenigstens ein wenig menschenlesbar ist. Statt *3245F9* hätten wir dann *xor al, [ebp-$07]*. Wenn Sie noch nie mit Assembler programmiert haben, dann verstehen Sie auch das nicht vollständig, aber vielleicht erkennen Sie schon, dass es um eine xor-Operation geht.[1]

So wirklich menschenlesbar ist jedoch auch das noch nicht, deswegen wurden sogenannte höhere Programmiersprachen entwickelt, bei manchen davon arbeitet man schon mit richtigen Wörtern, zum Beispiel in der Programmiersprache Pascal, mit der die Beispiele in diesem Buch geschrieben sind. Wobei Sie die Beispiele auch mit einer anderen Programmiersprache nachvollziehen können, wenn Sie diese beherrschen: Pascal-Code ist so leicht lesbar und in diesem Buch auch so gründlich beschrieben, dass es für jeden Programmierer möglich sein sollte, das in seine gewohnte Sprache zu übersetzen.

Der Vorgang des Programmierens ist also folgender: Sie schreiben ein Programm in einer Programmiersprache, ein Compiler oder ein Interpreter übersetzt das in Maschinencode, den der Computer dann ausführt. Für den Unterschied zwischen Compilern und Interpretern brauchen wir uns an dieser Stelle nicht näher zu interessieren.

Lazarus

Nun ist es heutzutage bei normalen Anwender-Programmen nicht damit getan, den Quellcode für die eigentliche Funktion des Programms zu erstellen, es braucht auch noch eine Benutzeroberfläche. Auch diese können Sie natürlich per Quellcode erstellen. Allerdings ist das mühsam. Deswegen gibt es auch Designer für die Benutzeroberfläche, mit denen Sie dann die Oberfläche einfach nur zusammenklicken.

Oberflächen-Designer, Quelltext-Editor (die "Schreibmaschine" für den Quellcode), Compiler (der übersetzt das Programm dann) und Debugger (hilft bei der Fehlersuche) sind üblicherweise zu einer IDE zusammengefasst (IDE steht für *integrated*

---

[1]Sollte Sie der Rest interessieren: Ausgangswert der Operation steht im Register a, genaugenommen im unteren Teil, also al. Der andere Wert steht auf dem Stack, genaugenommen an der Stelle ebp-$07, ebp ist das Base-Pointer. Das Ergebnis der Operation steht dann wieder in al – und wenn Sie jetzt keine Ahnung haben, was ein Stack ist, und warum es dafür einen Base-Pointer braucht, dann macht das auch nichts, das ist für das Verständnis dieses Buches wirklich nicht erforderlich.

developement environment, auf deutsch integrierte Entwicklungsumgebung). Die IDE, die wir verwenden wollen, heißt Lazarus.
Diese hat zwei wesentliche Vorteile: Sie ist für recht viele Be-
triebssysteme verfügbar, also für Windows, OSX (das Betriebssystem von Apple) und Linux, aber auch für Exoten wie Haiku.
Und es ist ein OpenSource-Programm: Sie müssen also nichts
dafür bezahlen, sondern können es einfach im Internet herunterladen, und Sie können auch noch in den Quelltext schauen und
diesen verändern (das sollten Sie jedoch nur dann tun, wenn Sie
schon richtig programmieren können).

Lazarus setzt auf den FreePascal-Compiler auf, der ebenfalls
installiert werden muss, nach Möglichkeit vorher. FreePacal und
Lazarus lassen sich unter den folgenden Links herunterladen,
sollten sich die URLs im Laufe der Zeit ändern, kann die aktuelle URL leicht über eine Suchmaschine gefunden werden.

FreePascal: http://www.freepascal.org/download.var

Lazarus: http://www.lazarus-ide.org/index.php?page=downloads

Wenn Sie Lazarus starten, dann sieht das in etwa so aus wie in
Bild 2.1.

Sollte bereits ein anderes Projekt geladen sein, so könnten Sie
mit *Projekt|Neues Projekt|Anwendung* ein neues Projekt star-
ten, dann müsste das in etwa so aussehen wie in der Abbildung.

Auch wenn es vielleicht nicht auf den ersten Blick erkennbar
ist, weil die einzelnen Fenster nahe zusammengeschoben sind,
so haben Sie hier vier einzelne Fenster:

- Oben ist das Hauptfenster der Entwicklungsumgebung mit
  dem Menü, ein paar Buttons für den schnellen Zugriff auf
  Programmfunktionen und rechts die Komponentenpalette.

- Links ist der Objektinspektor. Dieser dient dazu, bei den
  einzelnen Komponenten (wir klären noch, was das ist) die
  Eigenschaften einzustellen.

- Rechts ist dann der Quelltexteditor, hier schreiben Sie Ihren
  Programmcode.

Im Bild über dem Quelltexteditor, möglicherweise auch von diesem verdeckt, finden Sie ein mit *Form1* beschriftetes Fenster. Dies ist das Hauptformular der zu erstellenden Anwendung, auf dieses können Sie dann Komponenten mit Buttons oder Eingabefelder platzieren. Mit der Funktionstaste F12 können Sie zwischen Quelltexteditor und dem jeweiligen Formular hin- und herwechseln, sollte das eine das andere verdecken.

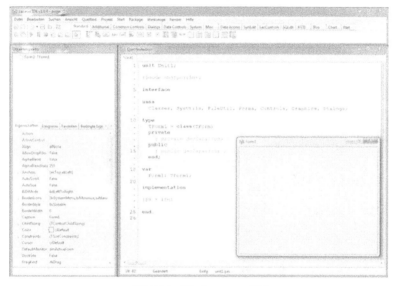

Bild 2.1: Die Lazarus-IDE

2.4 Ein erstes Programm

Bei einer neuen Anwendung finden Sie im Quelltexteditor bereits ein wenig Quellcode, und zwar den, der für ein Minimalprogramm mit einem leeren Formular erforderlich ist. (Genaugenommen ist es nicht der Quelltext des Programms, sondern von *Unit1* – den Unterschied können wir vorerst ignorieren.)

```
unit Unit1;

{$mode objfpc}{$H+}
interface

uses
  Classes, SysUtils, FileUtil, Forms, Controls,
  Graphics, Dialogs;

type
  TForm1 = class(TForm)
  private
    { private declarations }
  public
    { public declarations }
  end;

var
  Form1: TForm1;

implementation

{$R *.lfm}

end.
```

Bevor wir jetzt den Quelltext durchgehen, starten Sie erst mal diese Anwendung mit der Funktionstaste F9. Es erscheint: ein leeres Formular. Sie können es verschieben, Sie könnnen es größer oder kleiner ziehen, maximieren oder minimieren, aber ansonsten tut es nichts.

Schauen wir uns den Quelltext an. Ich habe vorhin erwähnt, dass Sie in ihren Verschlüsselungsprogrammen jede Codezeile verstehen sollen, von daher müssen wir uns jetzt durch ein wenig Formalien durchkauen.

unit Unit1;

Unsere Quelletxtdatei ist eine Unit und sie heißt *Unit1*. Den Namen hat Lazarus selbst vergeben, und es ist dabei nicht besonders kreativ, sondern nummeriert die Elemente (nicht nur die Units) einfach durch. Der Name der Unit und deren Dateiname müssen übrigens übereinstimmen. Sie benennen eine Unit um, indem Sie diese unter einem anderen Dateinamen abspeichern.

Bild 2.2: Ein leeres Programm

Was ist eigentlich eine Unit? Moderne Anwendungen umfassen ziemlich viel Quelltext. Damit das halbwegs überschaubar bleibt (und auch, damit der Compiler nicht immer alles übersetzen muss, sondern nur die geänderten Teile), wird der Quelltext in Units aufgeteilt.

{$mode objfpc}{$H+}

Hier kommen zwei Compileranweisungen. Die erste besagt, dass der FreePacal-Compiler-Modus mit Klassen, Exceptions und Interfaces verwendet wird. Lassen Sie das einfach so. Die zweite Compiler-Anweisung stellt *huge strings* ein, unsere Texte, die wir in einer String-Variablen speichern können, dürfen also länger als 255 Zeichen sein. Das ist prima, also lassen wir das auch so.

interface

Nun beginnt der Interface-Teil. Eine Unit hat einen Interface- und einen Implementation-Teil. Im Interface-Teil werden die Sachen definiert, die – salopp formuliert – nach außen gehen, im Implementation-Teil stehen die Dinge, welche die Unit dann später tatsächlich erledigt.

37

uses
```
  Classes, SysUtils, FileUtil, Forms, Controls,
  Graphics, Dialogs;
```

In der Uses-Klausel stehen Units, welche diese Unit verwendet. Das heisst, ich kann Dinge verwenden, die gar nicht hier definiert sind, sondern in einer anderen Unit – ich muss diese lediglich einbinden. Diese Uses-Klausel kann es auch noch mal im Implementation-Teil geben – warum, und wo welche Unit einzubinden ist, das klären wir jetzt nicht, es ist gerade ohnehin viel auf einmal.

type
```
  TForm1 = class(TForm)
  private
    { private declarations }
  public
    { public declarations }
  end;
```

Dann kommt eine Typen-Definition, diese beginnt mit dem Schlüsselwort *type*. Was sind Typen? Klären wir erst mal, was Variabeln sind: Das sind Speicher-Bereiche, in denen sich Daten ablegen lassen. Das können ganz unterschiedliche Daten sein. Die brauchen auch unterschiedlich viel Speicherplatz. Ein ganzer Text braucht zum Beispiel mehr Platz als ein einzelner Buchstabe. Ein ganzes Bild braucht auch mehr Platz als eine Zahl, selbst wenn es eine sehr große Zahl sein sollte.

Wenn ich nun Platz für Daten brauche, dann sollte das Programm erfahren, welche Daten ich dort ablegen möchte, damit es ausreichend Platz dafür vorsieht. Bei einer Sprache mit strenger Typenprüfung – und Pascal gehört dazu – will das Programm auch wissen, was für Daten da abgespeichert werden sollen, damit es prüfen kann, ob da nicht versehentlich etwas anderes gespeichert wird.

Wenn ich eine Variable (also so einen Speicher-Bereich) deklariere, dann will das Programm zwei Dinge wissen: 1.) wie lautet der Bezeichner, also der Name, mit dem ich diese Variable künftig anspreche, und 2.) von welchem Typ ist diese Variable.

```
var
  Form1: TForm1;
```

Eine solche Variablen-Deklaration beginnt mit dem Schlüssel-wort *var*. Hier im Beispiel heisst die Variable *Form1* und ist vom Typ *TForm1*.

Bei den Typen gibt es zwei Arten: die vordefinierten und die selbstdefinierten. Vordefinierte Typen sind zum Beispiel *integer* (ganze Zahlen) oder *string* (Texte). *TForm1* ist ein selbst-definierter Typ, den wir eben definiert haben. Das mussten wir vor der Variablen-Deklaration tun, damit dort der Typ bereits bekannt ist.

TForm1 ist eine Klasse. Eine Klasse können Sie sich vorstellen als eine Art Bauplan. Von diesem Bauplan können Sie mehrere sogenannte Objekte erstellen. Stellen Sie sich vor, in einer An-wendung gibt es mehrere Eingabefelder. Da muss ich nicht je-desmal definieren, was ein Eingabefeld ist, sondern ich habe ei-nen Bauplan – ein Klasse – und erzeuge danach so viele Ein-gabefelder wie ich brauche. Für Buttons habe ich einen anderen Bauplan, und für Menüs wiederum einen. Und diese Baupläne muss ich mir nicht selbst ausdenken, die bringt Lazarus schon mit, in einer sogenannten Klassenbibliothek.

TForm ist also eine Klasse, daher das Schlüsselwort *class*. Und dahinter steht in Klammern, von welcher anderen Klasse sie abgeleitet ist. Was ist nun Ableitung? In der objektorientierten Programmierung (also beim Arbeiten mit Klassen) ist man be-müht, das Rad nicht ständig neu zu erfinden, sondern man sucht sich eine Klasse, die schon halbwegs das kann, was man braucht, und ergänzt dann nur noch die nicht vorhandenen Dinge.

Hier im Beispiel wollen wir ein Formular erstellen, mit der wir die XOR-Verschlüsselung ausprobieren können. XOR-Verschlüs-selung ist sehr simpel. Ein Formular zu erstellen ist ziemlich aufwendig. Also nehmen wir eine Klasse für ein leeres Formular (*TForm*) und leiten unser eigenes Formular davon ab. Das kann jetzt auch alles das, was *TForm* kann. Im Moment auch noch nicht mehr, aber das werden wir ändern.

Die Typendefinition von *TForm1* hat einen *private*- und einen *public*-Abschnitt, und wir können erst mal zurückstellen, was das sein soll. Und die Typendefinition muss mit einem *end* und einem darauffolgenden Semikolon (Strichpunkt) enden, damit der Compiler weiß, wo Schluss ist.

Am Rande: Typendefinitionen fangen häufig mit einem großen T an (*TForm*, *TForm1*). Das ist eine sogenannte Konvention: Der Compiler besteht da nicht darauf, er kommt auch mit anderen Bezeichnern zurecht, aber die Entwickler machen das halt so, damit sie sich selbst im Quellcode besser zurechtfinden.

Die Variablen-Deklaration hatten wir ja bereits.

implementation

Mit dem Schlüsselwort implementation beginnt der Implementation-Teil. Dort steht das, was das Programm eigentlich tut. Im Moment also nicht viel – wir haben ja noch nicht mehr als ein leeres Formular. Das tut zwar eigentlich auch schon eine Menge, aber das ist in einer anderen Unit formuliert (*Forms*), weil das alle Formulare tun.

Ansonsten: Ich habe jetzt mehrfach den Begriff Schlüsselwort verwendet, ohne bislang zu erklären, was das überhaupt sein soll. Ein Schlüsselwort hat jetzt nichts mit dem Thema unseres Buches zu tun, sondern ist – vereinfacht – ein definierter Befehl für den Compiler. Das heißt, Sie können diese Wörter nicht für ihre Bezeichner (also die Namen für Variable und Typen) verwenden, sonst käme der Compiler böse durcheinander.

{$R *.1fm}

Und schon wieder eine Compiler-Anweisung (daran zu erkennen, dass Sie mit *{$* beginnt). Was nun der Unterschied zwischen "normalen" Anweisungen und Compiler-Anweisungen ist, muss uns nicht interessieren. Die Compiler-Anweisung *$R* bindet eine Ressourcen-Datei ein, in diesem Fall eine lfm-Datei. Wenn wir uns gleich ein Formular zusammenklicken, dann muss ja irgendwo festgehalten werden, welche Komponenten auf dem Formular liegen und welche Eigenschaften wir dafür eingestellt haben. Um damit die Quelltext-Datei nicht unnötig aufzublasen, ist das in eine lfm-Datei ausgelagert, und diese wird hier eingebunden.

end.

Und damit ist die Unit zu ende. Beachten Sie bitte, dass nach diesem end kein Semikolon, sondern ein Punkt steht.

So, dass war nun im Schnelldurchlauf der Quelltext unseres Programms mit dem leeren Formular. Wenn Sie bislang noch nichts mit Programmierung zu tun hatten, war das wohl ziemlich viel auf einmal. Vorschlag: Buch weglegen, eine Zeit lang etwas anderes tun, dann diesen Abschnitt noch mal lesen und dann weiter.

Dem Formular Komponenten hinzufügen

Nun wollen wir ein *TEdit*, ein *TLabel* und ein *TButton* auf das Formular setzen. Dazu klicken wir in der Komponentenpalette erst auf den Button für *TEdit*, dann auf das Formular, und zwar in etwa dort hin, wo die Komponente dann hin soll. Wo *TEdit* zu finden ist, klärt die folgende Abbildung:

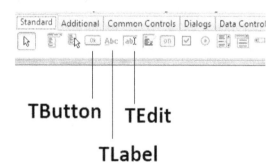

Bild 2.3: Komponentenpalette

Dasselbe machen wir nun mit *TLabel* und *TButton*. Das Formular sollte dann so etwa wie folgt aussehen:

41

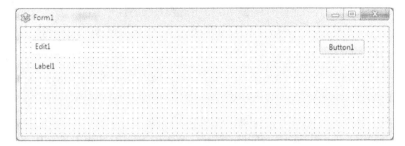

Bild 2.4: Die Komponenten auf dem Formular

Um eine Komponente auf dem Formular zu bearbeiten, also z.B. die Größe zu ändern, klicken Sie auf die Komponente, so dass sie von acht kleinen Quadraten umgeben ist, so genannten Anfassern:

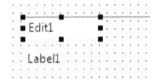

Bild 2.5: selektiertes Eingabefeld

Wir wollen nun das Eingabefeld deutlich verbreitern. Wählen Sie dazu das Eingabefeld aus, so dass es die beschriebenen acht Quadrate hat, klicken Sie in das rechte mittlere Quadrat, halten die Maustaste gedrückt, ziehen die Maus nach rechts und lassen die Maustaste dort wieder los. Auch den Button wollen wir leicht breiter ziehen, das geht genauso.

Um Komponenten anders zu positionieren, müssen sie nicht vorher selektiert werden. Klicken Sie einfach in die Komponente und ziehen die Maus bei gehaltener linken Maustaste an die gewünschte Position. Beim Ausrichten helfen sogenannte Laserlines, also blaue Linien, die immer dann eingeblendet werden, wenn sich Komponenten auf gleicher Linie befinden.

Nun wollen wir den Button noch anders beschriften. Klicken Sie dazu in den Button, so dass er selektiert ist. Damit können Sie nicht nur seine Größe ändern. Er ist nun auch im Objektinspektor ausgewählt und Sie können seine Eigenschaften ändern. Suchen Sie dazu im Objektinspektor auf der Registerseite Eigenschaften die Eigenschaft *Caption* und ändern den Wert von *Button1* auf *verschlüsseln*. Mit der Eingabetaste können Sie die Änderung übernehmen, es reicht aber auch aus, wenn Sie irgendwo anders hinklicken. Das Formular sieht nun in etwa wie folgt aus:

Bild 2.6: Formular mit zurechtgerückten Komponenten

Die Oberfläche können wir jetzt erst mal so lassen. Nun wollen wir dafür sorgen, dass etwas passiert, wenn Sie auf den Button klicken. Dazu führen Sie erst mal einen Doppelklick auf den Button aus, so dass Lazarus einen Prozedurenrumpf anlegt:

```
procedure TForm1.Button1Click(Sender: TObject);
begin

end;
```

In diesen Prozedurenrumpf werden wir unseren Quellcode schreiben. Zuvor werden wir jedoch klären, was eine Prozedur überhaupt ist. Ein Computerprogramm ist letztlich eine lange Liste von Anweisungen, die der Computer abarbeiten soll, genauer gesagt die CPU (*central processing unit*, zu deutsch Hauptprozessor). Damit der Programmierer in dieser langen Liste nicht die Übersicht verliert, werden die Anweisungen in sogenannte Routinen aufgeteilt, Prozeduren und Funktionen. (Daneben gibt es noch weitere Gründe für die Aufteilung, z.B. die Parametrisierung, aber das führt jetzt zu weit vom Thema weg.)

43

Der Unterschied zwischen Prozeduren und Funktionen ist, dass Funktionen einen Rückgabewert haben (was das ist, klären wir noch) und Prozeduren nicht. Ganz grob vereinfacht könnte man sagen, Prozeduren sind eher dafür da, etwas zu erledigen, und Funktionen eher dafür da, etwas zu berechnen. Routinen haben einen Kopf, der mit *procedure* beziehungsweise *function* beginnt, und einen Rumpf, der zwischen *begin* und *end* steht. Hinter dem end ist dann wieder ein Semikolon.

Schauen wir uns den Prozedurenkopf noch etwas näher an. Der Bezeichner der Prozedur ist *TForm1.Button1Click*. Sie erinnern sich vielleicht noch, dass wir *TForm1* als Typenbezeichner für unsere Formularklasse verwenden. Die hier vorliegende Prozedur ist also eine Methode, sie gehört fest zu dieser Formularklasse. Der Bezeichner im engeren Sinne ist *Button1Click*. Dieser Bezeichner ist mal wieder von Lazarus automatisch vergeben nach dem Muster, dass diese Methode aufgerufen wird, wenn bei Button1 das Ereignis *OnClick* auftritt – und das tritt immer dan auf, wenn jemand auf die Maus klickt.

Und dann gibt es noch einen Parameter namens Sender, und der ist vom Typ *TObject*. Das ist also eine Referenz auf die Komponente, die diese Methode aufgerufen hat. Sie werden sich vielleicht darüber ein wenig wundern, gehen Sie bislang doch davon aus, dass dies stets *Button1* ist. Das ist meistens so, muss aber nicht immer so sein: Mehrere Buttons können eine gemeinsame *OnClick*-Ereignisbehandlungsroutine haben, und dann kann man anhand von Sender herausbekommen, welche davon denn angeklickt wurde.

Schauen wir nun noch einmal in unsere Typendefinition des Formulars:

```
TForm1 = class(TForm)
  Button1: TButton;
  Edit1: TEdit;
  Label1: TLabel;
  procedure Button1Click(Sender: TObject);
private
  { private declarations }
```

```
public
  { public declarations }
end;
```

Hier stellen wir nun fest, dass da Lazarus automatisch Dinge ergänzt hat. Zunächst wurde für jede der drei Komponenten eine Referenz angelegt, so für den Button die Referenz *Button1*, und diese ist vom Typ *TButton*. Anhand des großen T am Anfang von *TButton* erkennen wir, dass dies wohl eine Typendefinition sein muss. Und dann haben wir auch noch die Methode *Button1Click*, diesmal ohne führendes *TForm1*, der Compiler weiß ja, dass wir gerade in der Klassendefinition von *TForm1* sind.

Unsere erste Verschlüsselung

So, nun aber endlich mal Butter bei die Fische. Tippen Sie die vorliegenden Anweisungen einfach mal ab, wir erklären später, was die tun:

```
procedure TForm1.Button1Click(Sender: TObject);
var
  i, LKey: integer;
  s, t: string;
  c: Char;
begin
  s := Edit1.Text;
  LKey := random(256);
  for i := 1 to Length(s) do
  begin
    c := Chr(Ord(s[i]) xor LKey);
    t := t + c;
  end;
  Label1.Caption := t;
end;
```

Mit der Funktionstaste *F9* starten Sie dann das Programm. Geben Sie einfach mal einen Text ein und klicken dann ein paar mal hintereinander auf den Button. Sie werden dabei feststellen, dass jedes mal ein anderes Ergebnis herauskommt, und dass es teilweise sogar mehrzeilig ist:

Bild 2.7: Die erste Verschlüsselung

So, schauen wir uns den Quellcode etwas genauer an:

```
var
  i, LKey: integer;
  s, t: string;
  c: char;
```

Wir beginnen mit einer Variablendeklaration, diese muss zwischen dem Prozedurenkopf und dem Prozedurenrumpf stehen und beginnt mit einem *var*. Wir hatten das schon mal, bei der Deklaration von *Form1*. Damals hatten wir eine sogenannte globale Variable deklariert, die überall in der Unit und gegebenenfalls sogar darüber hinaus verwendet werden kann. Hier deklarieren wir lokale Variable, diese gibt es nur, solange diese Prozedur ausgeführt wird. Eine Variablendeklaration beginnt mit dem Bezeichner die Variablen, dann kommt ein Doppelpunkt und dahinter der Typ der Variablen. Das Ganze wird dann wieder mit einem Semikolon abgeschlossen. Wenn Sie mehrere Variablen vom selben Typ deklarieren wollen, so können Sie das in eine Anweisung packen und die Bezeichner mit Kommata trennen.

Warum wir jetzt gerade diese Variablen deklarieren, klärt der spätere Quelltext. Wir haben zwei Zahlen, konkret *i* und *LKey*, zwei Zeichenketten, sogenannte Strings, und ein Zeichen, auf englisch *Char*. Bei der Wahl der Bezeichner sind Sie weitgehend frei, aber besonders lange Variablennamen erhöhen nicht die Übersichtlichkeit des Quelltextes.

```
s := Edit1.Text;
```

Zunächst weisen wir den Inhalt des Eingabefeldes dem String *s* zu, damit später der Quelltext ein wenig übersichtlicher wird. Zuweisungen erfolgen mit einem :=-Operator. Der Text des Eingabefeldes ist in dessen Eigenschaft *Text* zu finden. Um darauf zuzugreifen, nennen wir erst den Bezeichner der Komponenten, dann – mit einem Punkt getrennt – den Bezeichner der Eigenschaft.

```
LKey := random(256);
```

LKey ist unser Schlüssel, und dafür brauchen wir einen 8-Bit-Wert, also einen Wert zwischen 0 und 255. Den lassen wir vom Computer zufällig erzeugen – die Funktion *random(256)* erzeugt Zufallszahlen zwischen 0 und 255. Wenn Sie schon mal mit Pascal gearbeitet haben, dann mag Ihnen auffallen, dass wir den Zufallszahlengenerator gar nicht initialisiert haben. Er wird also nach Programmstart immer dieselben Zahlen in derselben Reihenfolge ausgeben. Sie können das nachprüfen, indem Sie mehrmals nacheinander das Programm starten und von immer dem selben Text die Verschlüsselungsergebnisse vergleichen.

```
for i := 1 to Length(s) do
begin
  ..
end;
```

Es folgt eine Schleife, also ein Programmteil, der mehrmals hintereinander ausgeführt wird. Die Anweisungen, die mehrmals hintereinander abgearbeitet werden, stehen zwischen *begin* und *end*. Wir wollen in dieser Schleife alle Zeichen unseres Textes verschlüsseln, also die Schleife einmal pro Zeichen ausführen. Dazu müssen wir die Länge des Textes ermitteln, was mit *Length(s)* passiert. Length ist eine Funktion, die als Parameter einen String übergeben bekommt und als Funktionsergebnis die Länge desselben zurückgibt.

Bleibt die *for*-Schleife. Diese Schleife führt Anweisungen mehrmals hintereinander aus, und zählt dabei eine Schleifenvariable mit, so dass Sie jederzeit wissen, in welchem Schleifendurchlauf Sie sich befinden. Diese Schleifenvariable ist *i* und muss eine lokale Variable sein. Unsere *for*-Schleife zählt also vom ersten bis zum letzten Zeichen hoch.

```
c := Chr(Ord(s[i]) xor LKey);
```

Mit dieser Anweisung ermitteln wir ein einzelnes verschlüsseltes Zeichen. Das sieht jetzt ziemlich kompliziert aus, weil hier mehrere Anweisungen ineinander geschachtelt sind, aber wenn man das einmal auseinanderklamüsert hat, ist es eigentlich halbwegs einfach.

Wir wollen in der Schleife ein Zeichen nach dem anderen verschlüsseln, dazu greifen wir mit *s[i]* auf das jeweilige Zeichen zu. In Pascal kann man auf die einzelnen Zeichen eines Strings wie auf ein Array zugreifen (ok, als Einsteiger wissen Sie vielleicht noch nicht mal, was ein Array ist), also mit *s[1]* auf das erste Zeichen, mit *s[2]* auf das zweite Zeichen und so weiter. Das ist jetzt erst mal ein einzelnes Zeichen; zwar ein 8-Bit-Wert, aber vom Typ *char*. Nun ist der Pascal-Compiler vergleichsweise streng bei der Typen-Prüfung (und das ist letztlich ein großer Vorteil, weil sich das Programm dann gleich gar nicht kompilieren lässt, wenn man irgendwo einen Fehler gemacht hat. Damit findet man den Fehler viel schneller, als wenn man erst herausfinden muss, warum das Programm seltsame Ergebnisse liefert).

Wir müssen also eine Typenumwandlung machen, also das Zeichen in eine Zahl umwandeln. Dies erfolgt mit der Funktion *Ord*. Mit *Ord(s[i])* haben wir also unser jeweiliges Zeichen als ganzzahligen Wert zwischen 0 und 255. Mit diesem Wert können wir nun unsere *xor*-Operation durchführen, der andere Operator steckt in der Variablen *LKey*, wir formulieren also *Ord(s[i]) xor LKey*. Und dieses Ergebnis wollen wir nun wieder in ein Zeichen zurückwandeln (dafür gibt es die Funktion *Chr*) und der Variablen *c* zuweisen.

```
t := t + c;
```

Die Variable *t* ist unser Ausgangsstring. Dem wollen wir nun ein verschlüsseltes Zeichen nach dem anderen hinzufügen. Zu Beginn der Prozedur ist *t* leer, und wir nehmen in jedem Schleifendurchlauf den jeweiligen Variableninhalt, fügen *c* hinzu und weisen das wieder der Variablen *t* zu.

`Label1.Caption := t;`

Nach der Schleife steht nun der komplette verschlüsselte String in der Variablen *t*, und das wollen wir nun ausgeben. Dazu weisen wir es einfach dem Label zu, genaugenommen dessen Eigenschaft *Caption*. (Bei Komponenten, die nur beschriftet werden, in die aber vom Benutzer kein Text eingegeben werden kann, heißt die entsprechende Eigenschaft nun mal nicht *Text*, sondern *Caption*.)

2.5 Unser erster Brute-Force-Angriff

Nun wollen wir unseren verschlüsselten Text wieder entschlüsseln. Da wissen Sie ja, dass das mit einer erneuten *xor*-Operation mit dem Schlüssel funktioniert. Der Schlüssel steht in *LKey*.

Jetzt wollen wir aber mal so tun, als würden wir den Schlüssel nicht kennen, und einen sogenannten Brute-Force-Angriff durchführen. Brute-Force kann man in etwa mit "rohe Gewalt" übersetzen, und das meint in der Kryptographie, dass einfach alle Möglichkeiten durchprobiert werden. Das heisst, wir verwenden jetzt die möglichen Schlüssel von 0 bis 255 nacheinander, entschlüsseln damit den Inhalt von *Label1.Caption* und schauen, was dabei heraus kommt.

Und natürlich geben wir die Schlüsselwerte jetzt nicht manuell einen nach dem anderen ein, sondern schreiben uns eine Schleife dafür. Um die jeweiligen Entschlüsselungsergebnisse darstellen zu können, fügen wir dem Programm nun eine *TMemo*-Komponente hinzu, die ist auf der Komponentenpalette gleich neben *TEdit* zu finden. Richten Sie das Memo so aus, dass das Formular in etwa wie folgt aussieht:

49

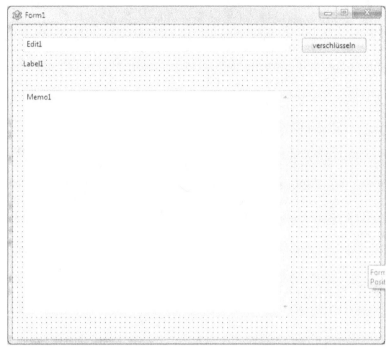

Bild 2.8: Formular mit hinzugefügtem Memo

Damit das Memo so aussieht wie in der Abbildung, sollten Sie die Eigenschaft *ScrollBars* auf *ssVertical* setzen. Klicken Sie auf das Memo, suchen im Objektinspektor nach der Eigenschaft *ScrollBars* und wählen dort den Eintrag *ssVertical* aus.

ReadOnly	False
ScrollBars	ssVertical
ShowHint	ssAutoBoth
TabOrder	ssAutoHorizontal
TabStop	ssAutoVertical
	ssBoth
Tag	ssHorizontal
Top	ssNone
Visible	ssVertical
	True

Bild 2.9: Objektinspektor

Bevor wir uns nun an die Entschlüsselung machen, bauen wir erst mal den bestehenden Code um:

```
procedure TForm1.Button1Click(Sender: TObject);
var
  t: string;

  function Crypt(AText: string;
    AKey: integer): string;
  var
    i: integer;
  begin
    result := '';
    for i := 1 to Length(AText) do
      result := result + Chr(Ord(AText[i])
           xor AKey);
  end;

begin
  t := Crypt(Edit1.Text, random(256));
  Label1.Caption := t;
end;
```

Dieser Code macht exakt dasselbe wie der vorhin erklärte, es gibt aber ein paar Unterschiede – in der Programmierung gibt es meist nicht nur die eine richtige Lösung, sondern es gibt viele Wege, die jeweils ihre Vor- und Nachteile haben.

Hauptunterschied ist, dass wir den Verschlüsselungsvorgang in eine eigene Funktion ausgelagert haben, die wir *Crypt* nennen. Diese Funktion ist eine lokale Funktion, sie existiert nur innerhalb von *Button1Click*. *Crypt* erhält als Parameter den zu verschlüsselnden Text *AText* und den Schlüssel *AKey* und gibt als Funktionsergebnis den verschlüsselten (oder bei nochmaliger Ausführung: den entschlüsselten) Text zurück. Der Typ des Funktionsergebnisses steht am Ende des Funktionenkopfs durch einen Doppelpunkt abgetrennt, hier ist das Funktionsergebnis vom Typ *string*.

Der Grund dafür, das auszulagern, liegt eben darin, dass wir denselben Code jetzt auch für die Entschlüsselung gebrauchen können. Und zu einem guten Programmierstil gehört, dass man dann die einzelnen Programmzeilen nicht einfach kopiert, sondern daraus eine entsprechende Routine macht.

Die Schleifenvariable *i* muss nun in *Crypt* deklariert werden, weil sie eine lokale Variable sein muss. Statt in einer String-Variablen setzen wir das Verschlüsselungsergebnis im Rückgabewert *result* zusammen. Sie können den Rückgabewert einer Funktion innerhalb derselben wie eine Variable des entsprechenden Typs verwenden. Daneben haben wir uns den Umweg über die Variable *c* gespart und fügen das Ergebnis unserer Verschlüsselungsoperation gleich dem Funktionsergebnis hinzu – dadurch haben wir nur noch eine Zeile innerhalb der Schleife und brauchen somit das *begin* und *end* nicht mehr. Auch sparen wir uns die Variable *s* und arbeiten gleich mit dem Parameter *AText*. Das Parameter (englisch *argument*) mit einem großen *A* beginnen, ist auch so eine Konvention wie das große *T* bei Typen.

Der Hauptteil der Prozedur ist nun recht kurz: Wir rufen *Crypt* auf und übergeben als Parameter den eingegebenen Text sowie den mit *random* erzeugten Schlüsselwert und weisen das Ergebnis von Crypt der Variablen *t* zu, die wir dann ausgeben.

Nun zu unserem Brute-Force-Angriff:

```pascal
procedure TForm1.Button1Click(Sender: TObject);
var
  s, t: string;
  LZeile: integer;

  function Crypt(AText: string;
    AKey: integer): string;
  var
    i: integer;
  begin
    result := '';
    for i := 1 to Length(AText) do
      result := result + Chr(Ord(AText[i])
          xor AKey);
  end;
```

```
begin
  t := Crypt(Edit1.Text, random(256));
  Label1.Caption := t;
  Memo1.Lines.Clear;
  for LZeile := 0 to 255 do
  begin
    s := Crypt(t, LZeile);
    Memo1.Lines.Add(IntToStr(LZeile) + ' - ' + s);
  end;
end;
```

Zunächst muss mal die Variablendeklaration ein wenig ergänzt werden, wir brauchen eine zweite String-Variable sowie eine Schleifenvariable.

```
Memo1.Lines.Clear;
```

Zunächst wollen wir das Memo leer machen. Das Memo hat keine Eigenschaft *Text*, sondern eine Eigenschaft *Lines*, da es mehrzeiligen Text enthalten kann. *Lines* ist wiederum ein Objekt (von der Klasse *TStrings*) und enthält eine Methode *Clear*, um alles zu löschen.

```
for LZeile := 0 to 255 do
begin
  ..
end;
```

Wir wollen alle 256 mögliche Schlüssel ausprobieren, darum gehen wir in der Schleife von 0 bis 255. Unsere Schleifenvariable ist dann gleich der Schlüssel.

```
s := Crypt(t, LZeile);
```

Die Entschlüsselung ist nun dank der Funktion *Crypt* recht einfach, wir müssen nur noch den zu entschlüsselnden Text (*t*) und den Schlüssel (*LZeile*) übergeben.

```
Memo1.Lines.Add(IntToStr(LZeile) + ' - ' + s);
```

Das Ergebnis der Entschlüsselung soll nun in das Memo geschrieben werden. Dazu verwenden wir die *TStrings*-Methode *Add*, der ein dem Memo hinzuzufügender String übergeben wird.

Eigentlich hätten wir es bei *Memo1.Lines.Add(s)* belassen können. Allerdings ist es zur Orientierung dann doch hilfreich, wenn wir auch noch den zur Entschlüsselung verwendeten Schlüssel hinzuschreiben. Der Schlüssel ist die Zeilennummer, das ist eine Zahl, und diese muss zunächst in einen String umgewandelt werden, wozu wir die Funktion *IntToStr* verwenden. Und zwischen Zeilennummer und Entschlüsselungsergebnis wollen wir auch noch einen von zwei Leerzeichen flankierten Bindestrich einfügen, so dass der dem Memo hinzuzufügende String *IntToStr(LZeile)* + ' - ' + *s* ist.

Die Schlüssellänge

Starten Sie das Programm und verschlüsseln dann ein einzelnes Zeichen, zum Beispiel den Buchstaben *a*. Wenn Sie sich das Entschlüsselungsergebnis im Memo ansehen, dann werden Sie feststellen, dass jedes mögliche Zeichen einmal vorhanden ist. Das ist auch völlig vorhersehbar: Völlig unabhängig vom Ausgangswert ergibt eine XOR-Operation mit allen 256 möglichen Schlüsseln wiederum alle bei 8 Bit möglichen 256 Ergebnisse.

Damit ist die Verschlüsselung eines 8-Bit-Wertes mit einem 8-Bit-Schlüssel komplett sicher: Ohne Kenntnis des Schlüssels gibt es keinerlei Möglichkeiten, aus der Kenntnis des Verfahrens und des Verschlüsselungsergebnisses auf den Schlüssel oder den Eingangswert zu schließen.

Das ändert sich schnell, wenn ein längerer Text mit einem 8-Bit-Schlüssel verschlüsselt wird. Im folgenden Beispiel habe ich einen kurzen Satz eingegeben, und die Ergebnisse des Brute-Force-Angriffes sind im Bild zu sehen.

Bei 256 möglichen Entschlüsselungsergebnissen reicht es also völlig aus, diese Ergebnisse durchzuscrollen und bei der Zeile hängenzubleiben, die kein "Zeichensalat" ist, sondern einen sinnvollen Text ergibt. Richtige Sätze lassen sich damit auf keinen Fall sicher verschlüsseln.

Bild 2.10: Ergebnis des Brute-Force-Angriffs

Auch von der Verschlüsselung eines Passwortes auf diesem Weg rate ich dringend ab, auch wenn dies schon ein wenig sicherer ist als die Verschlüsselung eines verständlichen Satzes. Zwar sollen Passwörter "Zeichensalat" sein, mal eben die Liste durchschauen und das richtige Ergebnis erkennen, geht also nicht. Allerdings wäre durch 256 mögliche Entschlüsselungsergebnisse die Anzahl der infrage kommenden Passwörter auf 256 eingegrenzt, und das ist viel zu wenig.

Fazit: Für die Verschlüsselung eines einzelnen Zeichens ist eine XOR-Verschlüsselung mit 8 Bit perfekt, für längere Texte ist sie völlig unbrauchbar.

Was ist nun, wenn wir den Schlüssel länger machen, zum Beispiel 32 Bit. Da gibt es dann über 4 Milliarden mögliche Werte (2^{32} = 4.294.967.296), das scrollt kein Mensch mehr von Hand durch. Das ist aber für einen Brute-Force-Angriff auch nicht zwingend erforderlich. Nehmen wir an, Sie verschlüsseln damit einen längeren deutschsprachigen Text. Dann lässt ein Angreifen alle 4,3 Mrd Möglichkeiten durchprobieren und gleicht das Ergebnis mit einem Wörterbuch ab.

Auch das wollen wir mal eben demonstrieren, wenn auch auf einfachem Niveau: Wir prüfen unsere Entschüsselungsergebnisse nur gegen die Worte *der, die* und *das.* Dazu verändern wir unsere Prozedur wie folgt:

```
procedure TForm1.Button1Click(Sender: TObject);
const
  RANGE = 43000000;
  //RANGE = 4294967295;

var
  s, t, u: string;
  LZeile: integer;

  function Crypt(AText: string; AKey: cardinal):
string;
  var
    i: integer;
    LKey: array[0..3] of Byte absolute AKey;
  begin
    result := '';
    for i := 1 to Length(AText) do
      result := result + Chr(Ord(AText[i])
          xor LKey[i mod 4]);
  end;

begin
  t := Crypt(Edit1.Text, random(RANGE + 1));
  Label1.Caption := t;
  Memo1.Lines.Clear;
  for LZeile := 0 to RANGE do
  begin
    s := Crypt(t, LZeile);
    if LZeile mod 10000 = 0 then
      Caption := IntToStr(LZeile);
```

```
if (Pos(' der ', s) > 0)
  and (Pos(' die ', s) > 0)
  and (Pos(' das ', s) > 0) then
  Memo1.Lines.Add(IntToStr(LZeile)
    + ' - ' + s);
end;
end;
```

Schauen wir uns mal die Veränderungen an:

```
const
  RANGE = 43000000;
//RANGE = 4294967295;
```

Das ist eine Konstantendefinition. Konstanten sind Werte, die sich während der Programmlaufzeit ändern. Diese Werte könnte man auch so direkt in den Quelltext schreiben, also überall dort, wo nun RANGE steht, einfach 43000000. Der Vorteil von solchen Konstanten-Definitionen liegt darin, dass sie vom Programmierer einfacher geändert werden können. Dafür haben wir hier gleich das passende Beispiel: Eigentlich wollen wir alle 4,3 Milliarden Möglichkeiten durchprobieren – das dauert allerdings (je nach Rechnergeschwindigkeit) mehrere Stunden. Für einen etwas schnelleren Test sollen uns erst mal etwa 1% dieses Bereichs ausreichen, damit gehts etwa 100 mal so schnell. Nun müssen wir nicht an mehreren Stellen im Quelltext diesen Wert abändern, sondern nur bei der Konstantendefinition.

Darunter haben wir einen Kommentar: Nach zwei Schrägstrichen interpretiert der Compiler den Text bis zum Ende der Zeile nicht als Anweisungen, sondern als Text, der ihn nichts angeht. Gedacht war so etwas mal dafür, dass Entwickler Bemerkungen zum Code nicht an anderer Stelle niederlegen, sondern direkt in den Quelltext schreiben können, als sogenannte Kommentare.

In der Praxis wird das gerne dafür genutzt, Teile des Quellcodes stillzulegen, man spricht da von „auskommentieren".

```
function Crypt(AText: string; AKey: cardinal): string;
var
  i: integer;
  LKey: array[0..3] of Byte absolute AKey;
```

57

Unser Parameter *AKey* ist nun vom Typ *cardinal*, das ist ein vorzeichenloser 32-Bit-Wert, der Wertebereich geht also von 0 bis 4 294 967 295. Der bisherige Typ *integer* dagegen ist ein 32-Bit-Wert mit Vorzeichen, der Wertebereich geht somit von -2 147 483 648 bis +2 147 483 647.

Grundsätzlich können moderne Prozessoren 32-Bit-XOR-Operationen in einem Schritt erledigen. Damit wir jedoch den zu verschlüsselnden String 32-Bit-Weise in den Speicher bekommen, müssten wir jetzt mit Zeigern anfangen. Das ist eine "etwas" komplexere Materie und gerade für den Einsteiger schwer zugänglich. Von daher nun eine andere Lösung, die von der Performance auch nicht viel schlechter ist, da eine XOR-Operation nur einen Prozessortakt kostet.

Da wir 8-Bit-Zeichen verschlüsseln, also dafür ein 8-Bit-Schlüssel geeignet ist, werden wir die 32 Bit unseres Schlüssels in vier 8-Bit-Schlüssel aufteilen. Diese vier Schlüssel werden wir in einem Array speichern. Ein Array können Sie sich als eine Art Tabelle oder Liste vorstellen, es enthält mehrere Array-Elemente von demselben Typ. Die folgende Deklaration würde ein Array einrichten, das vier Array-Elemente vom Type *Byte* enthält:

LKey: **array**[0..3] **of** Byte;

Auf diese vier Array-Elemente kann man dann mit *LKey[0]*, *LKey[1]*, *LKey[2]* und *LKey[3]* zugreifen, ganz so, also wären es vier einzeln deklarierte Variablen. Der Vorteil eines Arrays liegt darin, dass der Array-Selektor keine Konstante sein muss, sondern auch eine Variable oder das Ergebnis einer Rechenoperation sein kann.

Nun hat unsere Deklaration noch eine Besonderheit, nämlich den Zusatz *absolute AKey*; damit legen wir dieses Array auf dieselbe Speicherstelle wie den Parameter AKey. Wozu denn das?

Damit sparen wir uns die explizite Aufteilung des 32-Bit-Schlüssels in vier 8-Bit-Schlüssel. Der 32-Bit-Schlüssel besteht aus 32 hintereinander folgenden Bits. Ein Array mit vier 8-Bit-Array-Feldern besteht ebenfalls aus 32 hintereinander folgenden Bits.

Wir müssen also nur noch dem Compiler mitteilen, dass er den Parameter jetzt innerhalb dieser Routine als ein solches Array zu betrachten hat – und dafür ist diese Anweisung.

Nun unsere Verschlüsselungsanweisung:

```
for i := 1 to Length(AText) do
  result := result + Chr(Ord(AText[i])
    xor LKey[i mod 4]);
```

Hier gehen wir wieder durch alle Zeichen des Textes, wandeln das Zeichen in eine Zahl, führen die XOR-Operation aus, wandeln das Ergebnis wieder zurück in ein Zeichen und fügen dies dem Ergebnisstring hinzu. Der einzige Unterschied besteht darin, dass unser Wert für die XOR-Operation nicht stets derselbe ist, sondern dass wir hier *LKey[i mod 4]* verwenden. Damit greifen wir auf die Felder des Arrays zu, soweit so erwartbar. Was aber soll das *i mod 4*?

Der Operator mod steht für eine Modulo-Operation, also für eine Berechnung eines Divisionsrestes (Division – so viel für die Leser, die es nicht so mit Mathe haben – steht für die Teilung). Nehmen wir an, wir teilen 7 durch 4, dann ist das Ergebnis 1 und der Rest 3.

Die folgende kleine Aufreihung zeigt für ein paar Zahlen Divisionsergebnis (div) und Divisionsrest (mod):

```
 0 div 4 = 0        0 mod 4 = 0
 1 div 4 = 0        1 mod 4 = 1
 2 div 4 = 0        2 mod 4 = 2
 3 div 4 = 0        3 mod 4 = 3
 4 div 4 = 1        4 mod 4 = 0
 5 div 4 = 1        5 mod 4 = 1
 6 div 4 = 1        6 mod 4 = 2
 7 div 4 = 1        7 mod 4 = 3
 8 div 4 = 2        8 mod 4 = 0
 9 div 4 = 2        9 mod 4 = 1
10 div 4 = 2       10 mod 4 = 2
11 div 4 = 2       11 mod 4 = 3
12 div 4 = 3       12 mod 4 = 0
```

```
13 div 4 = 3          13 mod 4 = 1
14 div 4 = 3          14 mod 4 = 2
15 div 4 = 3          15 mod 4 = 3
16 div 4 = 4          16 mod 4 = 0
17 div 4 = 4          17 mod 4 = 1
18 div 4 = 4          18 mod 4 = 2
19 div 4 = 4          19 mod 4 = 3
```

Wir sehen dabei, dass der Divisionsrest stur eine Folge 0 1 2 3 0 1 2 3 und so weiter bildet. Wir verwenden also ein Array-Feld nach dem anderen und auf diese Weise einen 32-Bit-Schlüssel. (Ganz aufmerksame Leser werden einwenden, dass wir nicht mit dem ersten, sondern mit dem zweiten Feld beginnen, da unser erstes i der Wert 1 ist, der Modulowert demnach auch 1 beträgt, unsere Array-Indizes jedoch mit 0; das ist einerseits richtig, andererseits auch ziemlich folgenlos, solange wir mit derselben Routine ver- und entschlüsseln.)

```
t := Crypt(Edit1.Text, random(RANGE + 1));
```

Hier verschlüsseln wir wieder mit einem zufällig ermittelten Wert. Um Zufallszahlen im Bereich 0..RANGE zu bekommen, müssen wir random mit RANGE + 1 aufrufen.

```
for LZeile := 0 to RANGE do
```

Für die Entschlüsselung probieren wir alle Werte von 0 bis RANGE durch. Der Vorteil der explizit definierten Konstanten ist, dass der Bereich, aus dem der zufällige Schlüssel ermittelt wird, und der Bereich, den wir entschlüsseln, stets gleich ist – da kann man nicht versehentlich mal das eine ändern und das andere nicht.

```
s := Crypt(t, LZeile);
```

Nun entschlüsseln wir wieder mit dem aktuellen Schleifenwert.

```
if LZeile mod 10000 = 0 then
  Caption := IntToStr(LZeile);
```

Damit wir nun wissen, wie weit unsere Entschlüsselung fortgeschritten ist, wollen wir die Zeilennummer in der Titelzeile des Formulars ausgeben. Dazu könnte man *Form1.Caption :=*

60

IntToStr(LZeile) formulieren, man kann jedoch innerhalb von Methoden von *Form1* auch das *Form1* weglassen. Mit *IntToStr* wird die Schleifenvariable in einen String gewandelt, damit sie ausgegeben werden kann.

Eigentlich könnten wir das in jedem Schleifendurchlauf tun. Nun besteht jedoch das Problem, daß solche Bildschirmausgaben – im Vergleich zu reinen Rechenoperationen wie XOR – elendig langsam sind. Von daher wollen wir die Anzeige nicht in jedem Schleifendurchlauf aktualisieren, sondern alle zehntausend. Auch da kommt wieder die Modulo-Anweisung zum Einsatz. Der Divisionsrest einer Division durch 10 000 ist bei den Zahlen 10 000, 20 000, 30 000, 40 000 und so weiter gleich 0, und dann erfolgt die Bildschirmausgabe.

So völlig nebenbei haben wir es jetzt auch noch mit einer Verzweigung zu tun, konkret mit einer *if..then*-Verzweigung. (Wenn Sie der englischen Sprache mächtig sind, haben Sie vielleicht darüber hinweg gelesen und das trotzdem verstanden. Auf deutsch würde man dazu *wenn..dann*-Verzweigung sagen.)

Bislang kennen wir einen linearen Programmablauf (es wird von oben nach unten eine Anweisung nach der anderen abgearbeitet) und die *for*-Schleife (eine Anweisung oder ein *begin..end*-Block wird ein paar mal hintereinander abgearbeitet). Bei einer Verzweigung wird eine Anweisung (oder auch ein *begin..end*-Block) dann abgearbeitet, wenn eine bestimmte Bedingung erfüllt ist – ansonsten nicht. Die Bedingung steht nach dem if, und lautet in diesem Fall, dass der Divisionsrest bei der Division von Schleifenvariable durch 10000 gleich 0 ist. Die auszuführende Anweisung besteht in der Umwandlung der Schleifenvariablen in einen String und der Anzeige desselben.

Nun kommt noch der Abgleich mit unserem Mini-Wörterbuch:

```
if (Pos(' der ', s) > 0)
   and (Pos(' die ', s) > 0)
   and (Pos(' das ', s) > 0) then
   Memo1.Lines.Add(IntToStr(LZeile) + ' - ' + s);
```

61

Auch hier haben wir wieder eine Verzweigung: Wenn die Wörter *der*, *die* und *das* vorkommen, dann fügen wir das Entschlüsselungsergebnis unserem Memo hinzu, wiederum einschließlich Schleifenvariable. Bei der Prüfung auf das Wortvorkommen verknüpfen wir drei einzelne Prüfungen mit dem Operator *and* (auf deutsch *und*). Wenn also das Wort *der* vorkommt UND das Wort *die* vorkommt UND das Wort *das* vorkommt, gilt die Prüfung als erfolgreich und das Verschlüsselungsergebnis wird ausgegeben.

Die Prüfung auf das Vorkommen des Artikels der erfolgt mit der Anweisung *Pos(' der ', s) > 0*, für die anderen beiden Artikel lauten sie entsprechend. Mit der Funktion Pos wird die Position des ersten Vorkommens eines Teilstrings in einem Hauptstring ermittelt. Der Teilstring ist hier *' der '* – und das voran- und das nachgestellte Leerzeichen sind wichtig, damit die Suche nicht bei zu vielen anderen Entschlüsselungsergebnissen Erfolg meldet. Der Hauptstring ist unser Entschlüsselungsergebnis *s*. Wenn der Teilstring im Hauptstring nicht gefunden wird, dann liefert Pos statt der Position des ersten Zeichens 0 zurück. Mit *> 0* prüfen wir ab, ob das Funktionsergebnis größer null ist. Sofern das der Fall ist, kommt das Wort im Entschlüsselungsergebnis vor.

Und das auszuprobieren, brauchen wir nun einen nicht ganz kurzen Text – es müssen ja zumindest *der*, *die* und *das* vorkommen. Die ersten paar Sätze dieses Kapitels reichen da schon.

Was lernen wir daraus: Eine 32-Bit-Verschlüsselung ist schon mal viel besser als eine 8-Bit-Verschlüsselung, ist jedoch in der Praxis auch bei Weitem nicht ausreichend, zumindest bei längeren Texten. Wenn Sie Ihre vierstellige PIN für den Geldautomaten damit verschlüsseln möchten, ist 32 Bit perfekt, da Sie für jede Stelle der PIN eine Schlüssellänge von 8 Bit zur Verfügung haben, und mit acht Bit lässt sich – wie vorhin gezeigt – ein Zeichen perfekt verschlüsseln.

Für die Verschlüsselung z.B. eines Tagesbuches ist das völlig unbrauchbar. Selbst bei einem älteren Rechner hat man mittels Wörterbuchsuche das Passwort und damit den Inhalt des Tagebuchs innerhalb von ein paar Stunden.

2.11: Brute-Force-Angriff mit Wörterbuch-Abgleich

Wie lang muss der Schlüssel sein?

32 Bit reichen also nicht. Für die Frage, wie lange der Schlüssel sein muss, gibt es zwei Ansätze. Der eine Ansatz ist, zu schauen, wie lange eine Entschlüsselung mit Wörterbuchabgleich auf einem schnellen Rechner dauert. Dann mit berücksichtigen, dass ein ernsthafter Angreifer womöglich viele Rechner gleichzeitig arbeiten lässt, solche Brute-Force-Entschlüsselungen eignen sich vorzüglich zur Parallelisierung.

Dann zusätzlich berücksichtigen, dass es Ansätze gibt, den Vorgang effektiver zu machen: Nehmen wir an, wir hätten einen 800-Bit-Schlüssel, also 100 Zeichen Schlüssellänge. In einem

63

deutschen Text kommen hauptsächlich die Standard-Zeichen, die deutschen Umlaute, ein paar Ziffern, ein paar Sonderzeichen und ab und an ein Steuerzeichen oder ein Sonderzeichen vor. Mit diesem Wissen geht man nun ran, und entschlüsselt mit den 256 möglichen Werten für das erste Schlüsselzeichen die Zeichen 1, 101, 201, 301... der verschlüsselten Textes. Kommen dabei vor allem Buchstaben dabei raus, kommt dieser Wert infrage. Kommen da vor allem Sonderzeichen dabei raus, kann dieser Wert ausgeschlossen werden. Von den 256 möglichen Werte pro Schlüsselzeichen kann man etwa 2/3 dadurch ausschließen. Statt der theoretischen etwa $6,6^{240}$ möglichen Kombinationen eines 800-Bit-Schlüssels verbleiben dadurch "nur noch" etwa 2^{190}. Eigentlich ein sehr simpler Trick, und schon geht der Brute-Force-Angriff um den Faktor 300 000 000 000 000 000 000 000 000 000 000 000 000 000 000 000 schneller.

Derlei Tricks haben sich die Kryptographen eine ganze Menge einfallen lassen. Hinzu kommt: Die Computer werden laufend schneller. Was heute sicher erscheint, muss es in ein paar Jahren nicht mehr sein.

Ich habe von zwei Ansätzen gesprochen. Der andere Ansatz ist: Man macht das gleich ganz sicher. Wie wir vorhin gesehen haben, lässt sich ein Zeichen eines 8-Bit-Zeichensatzes mit einem 8-Bit-Schlüssel unknackbar sicher verschlüsseln. Sicher heißt in diesem Fall: Wenn der Schlüssel geheim bleibt, bleibt auch der verschlüsselte Text (oder die verschlüsselte Datei) geheim. Keine Chance, auch nicht mit noch so viel Rechenleistung und optimierten Algorithmen.

Wenn man nun für jedes zu verschlüsselnde Zeichen einen eigenen 8-Bit-Schlüssel nimmt, wenn also der Schlüssel so lang wird wie die zu verschlüsselnde Nachricht, dann gibt es keine Ansatzpunkte wie den eben skizzierten, um bei der Entschlüsselung zu helfen. Auch mit Wörterbuchabgleich kommt man dann nicht weiter, weil im Ergebnis der Verschlüsselung alle denkbaren Texte drin stecken, sofern sie nicht länger sind als eben dieses Verschlüsselungsergebnis.

Man kann wirklich jede beliebige Datei nehmen (einen Text, ein Programm, ein Bild, ein Musikstück, ein Video), dazu wirklich jeden beliebigen Text (sofern er nicht länger als die Datei ist) und daraus mittels simpler XOR-Operation berechnen, wie der Schlüssel aussehen müsste, um von eben diesem Text als Verschlüsselungsergebnis auf die entsprechende Datei zu kommen. Somit fällt der Ansatz „das Entschlüsselungsergebnis ist ein sinnvoller Text, also stimmt der Schlüssel" komplett weg, weil Milliarden anderer sinnvoller Text ebenfalls möglich wären – es sähe lediglich der Schlüssel anders aus.

Neben der Schlüssellänge gibt es noch ein paar Voraussetzungen, damit das Verfahren wirklich absolut sicher ist:

1. Der Schlüssel muss geheim bleiben. Ok, das ist bei jedem anderen Verschlüsselungsverfahren ebenso der Fall.

2. Der Schlüssel darf nur einmal verwendet werden. Wenn für mehrere Nachrichten immer derselbe Schlüssel verwendet wird, ergeben sich wieder Ansatzpunkte zur Entschlüsselung.

3. Der Schlüssel muss wirklich zufällig sein. Ein Pseudo-Zufallszahlengenerator wie die Pascal-Funktion *random* eignet sich daher nicht, da sich die Werte (wenn auch erst nach langer Zeit) wiederholen.

Die Herausforderungen beim Einsatz der XOR-Verschlüsselung mit langen, einmal verwendeten Schlüsseln lauten somit:

1. Man muss wirklich zufällige Schlüssel generieren, und wenn viel zu verschlüsseln ist (es ist dabei völlig egal, ob "oft" oder "lange") braucht man entsprechend "viel" Schlüssel.

2. Man darf mit diesen Schlüsseln nicht durcheinander kommen.

3. Diese Schlüssel sind geheim zu halten.

Der ersten Herausforderung werden wir uns im nächsten Kapitel annehmen.

Schlüssel

3

Wie generiert man nun wirklich einmalige lange Schlüssel? Eigentlich ist das gar kein Problem: Rechner, Mikrofon an die Soundkarte, Mikrofon vor ein Radio, das auf keinen Sender eingestellt ist, sondern einfach vor sich hin rauscht, brauchbar aussteuern, das niederwertige Byte der 16-Bit-Aufnahme als Schlüssel verwenden. Dass wir das jetzt erst mal zurückstellen, liegt nicht nur daran, dass der Zugriff auf die Soundkarte abhängig vom Betriebssystem ist.

Sondern auch daran, dass wir noch ein anderes Problem haben: Wie hält man den Schlüssel geheim?

3.1 Speicherung oder Übertragung

Eine Kette ist nur so stark wie ihr schwächstes Glied – bei Verschlüsselung muss stets der Gesamtprozess betrachtet werden. Da müssen wir zunächst unterscheiden, ob wir die Verschlüsselung für die Speicherung oder für die Übertragung von Daten brauchen.

Bei der Speicherung, zum Beispiel von einer Passwortliste oder einem Tagebuch, gibt es einen Besitzer der Daten, der dann auch im Besitz des Schlüssels ist, und der diesen Schlüssel geheim halten muss. Sich den Schlüssel zu merken, ist bei einem Passwort in Kombination mit einem noch halbwegs brauchbaren Gedächtnis möglich, bei einem langen Schlüssel, den wir ja für die XOR-Verschlüsselung brauchen, ist das nicht möglich.

Der Schlüssel kann jetzt z.B. in einer Datei gespeichert werden. Den Schlüssel auf demselben Rechner zu speichern wie die verschlüsselte Datei ist zum einen praktisch – man braucht ihn ja dort, um die Datei wieder entschlüsseln zu können – zum anderen aber unsicher: Wird der Rechner gestohlen, hat der Dieb sowohl verschlüsselte Datei als auch Schlüssel. Allenfalls weiß er nun nicht, welche Datei der Schlüssel ist und muss mehrere Dateien durchprobieren.

Nun kann der Schlüssel auch auf einem separaten Speichermedium gespeichert werden, zum Beispiel einer SD-Karte oder einem USB-Stick. Bei einer SD-Karte ist die Wahrscheinlichkeit nicht gering, dass die aus lauter Bequemlichkeit noch im Slot steckt, wenn der Rechner weg kommt. USB-Sticks, zumindest die langen, sollten zumindest beim Transport entfernt werden.

Hier muss man nun auch die Frage nach dem erforderlichen Schutzniveau stellen: Im privaten Bereich dürften einfache Maßnahmen ausreichend sein. Wenn es um Firmengeheimnisse geht, dann kann schon ein höheres Schutzniveau erforderlich werden. Wenn man als Dissident in einer Diktatur damit rechnen muss, dass morgens um halb fünf die Staatsmacht kommt und einfach mal alles an Speichermedien mitnimmt, was sich finden lässt, dann reicht „Schlüssel auf USB-Stick" nicht aus.

Bei der Übertragung mag das zunächst anders aussehen: Wenn der Rechner des Senders und des Empfängers als sicher betrachtet werden können und lediglich die Übertragung dazwischen unsicher ist, dann spricht nichts dagegen, dass die Schlüsseldateien mit auf dem Rechner liegen. Es sollte jedoch gründlich hinterfragt werden, ob die angenommene Sicherheit tatsächlich gegeben ist. Nehmen wir einmal an, Aufgabe ist die Übertragung von Geschäftsgeheimnissen von der Firmenzentrale zu einer Filiale im Ausland und umgekehrt. Ist dann sichergestellt, dass nicht z.B. nachts eine Reinigungskraft (schlecht bezahlt, hohe Fluktuation, möglicherweise empfänglich für lukrative Angebote) mal eben die Festplatte ausbaut und kopiert? Somit gilt auch hier, dass man eigentlich gar nicht paranoid genug sein kann, wenn man ein lohnendes Ziel für derlei Angriffe ist.

3.2 Alternative

Wie eben ausgeführt, müsste die Schlüsseldatei konsequent von der verschlüsselten Datei getrennt werden. Beide Dateien dürften nur zur Verschlüsselung und zur Entschlüsselung zusammen – geführt werden. Die menschliche Bequemlichkeit ist der Schwachpunkt dieses Verfahrens, so dass es für die meisten Anwendungsfälle als wenig geeignet zu betrachten ist.

Die Alternative ist, Dateien zu verwenden, die ohnehin bereits auf dem Rechner sind. Die Betonung liegt auf dem Plural.

Aber beginnen wir die Betrachtung erst mal mit dem Singular. Damit eine Datei als Schlüssel taugt, müssen die Bytes halbwegs gleichverteilt auf die Werte 0 bis 255 verteilt sein. Wir werden gleich noch ein paar Dateien diesbezüglich untersuchen. Texte zum Beispiel sind nicht geeignet.

Alle komprimierten Dateien sind üblicherweise geeignet, damit auch jpeg-Bilder, mp3-Musikdateien und Videos. Diese Dateien haben üblicherweise auch eine hinreichende Länge für die Verschlüsselung einfacher Dateien wie Passwortlisten oder Tagebücher.

Der Einfachheit halber beschränke ich jetzt meine Betrachtung zunächst auf Musikdateien. Auf meiner Festplatte liegen derzeit etwa 1500 mp3-Dateien mit einer durchschnittlichen Größe von etwa 2 MByte. Betrachten wir zunächst den Fall, dass ich eine davon als Schlüssel verwende. Ein Angreifer müsste bei meiner verschlüsselten Datei 1500 potentielle Schlüssel durchprobieren – dass dies nicht ausreicht, dürfte klar sein.

Jetzt muss ich ja nicht unbedingt mit dem ersten Zeichen des Schlüssels anfangen, sondern ich könnte ja auch mit dem 42., dem 1337. oder dem 123456. Zeichen beginnen. Wenn das nicht im Quelltext hart codiert ist, sondern ähnlich einem Passwort eingegeben wird, dann ergeben sich bei einer etwa 2 MByte großen Datei etwa 2 Millionen Möglichkeiten pro Datei. 1500 Dateien mal 2 Millionen Möglichkeiten geben etwa 3 Mrd Kombinationen, und auch wenn es sicher Ansätze gibt, hier bei der Entschlüsselung Vereinfachungen zu finden, ist das schon mal nicht ganz schlecht (Grob über den Daumen entspricht das einem fünfstelligen Passwort mit Groß- und Kleinbuchstaben, Ziffern und direkt eingebbaren Sonderzeichen).

Wenn wir jetzt herangehen, und zwei Musikdateien mittels XOR kombinieren, beide jeweils mit einem frei wählbaren Startzeichen, dann gibt das etwa $4{,}5 \cdot 10^{18}$ verschiedene Möglichkeiten (nicht $9 \cdot 10^{18}$ verschiedene Möglichkeiten, da es bei XOR egal ist, welches die erste und welches die zweite Datei ist).

3.2.1 Exkurs Kombinatorik

Um die Anzahl der Möglichkeiten zu berechnen, die ein Verschlüsselungsverfahren oder ein Passort bietet, gibt es die Kombinatorik als Unterdisziplin der Mathematik. Nehmen wir an, wir werfen einen Würfel (den klassischen mit sechs Seiten). Wie viele Möglichkeiten gibt es nun? Von so Sonderfällen wie „Würfel kullert in den Gulli und kann nicht abgelesen werden" abgesehen, die in der Kombinatorik nicht berücksichtigt werden, gibt es sechs verschiedene Möglichkeiten, und deren Eintreten ist bei einem normalen Würfen auch gleich wahrscheinlich.

Werfen wir nun hintereinander zwei Würfel, dann gibt es $6 \cdot 6 = 36$ Möglichkeiten:

1 1	1 2	1 3	1 4	1 5	1 6
2 1	2 2	2 3	2 4	2 5	2 6
3 1	3 2	3 3	3 4	3 5	3 6
4 1	4 2	4 3	4 4	4 5	4 6
5 1	5 2	5 3	5 4	5 5	5 6
6 1	6 2	6 3	6 4	6 5	6 6

Würden wir den Würfel nun dreimal werfen, würde die Zahl der Möglichkeiten auf 216 steigen. Oder mathematisch allgemein ausgedrückt, die Zahl der Möglichkeiten ist m^n, wobei m die Zahl der Möglichkeiten bei einem Durchgang und n die Zahl der Durchgänge ist.

In unserer Verschlüsselungsidee kombinieren wir die Dateiauswahl D mit angenommen etwa 1500 Möglichkeiten mit der Auswahl eines Startwertes S mit etwa 2000000 Möglichkeiten. Bei einer Datei mit einem Startwert wären das $D \cdot S$ Möglichkeiten, bei n verschiedenen Dateien etwa $(D \cdot S)^n$. Allerdings haben wir hier noch folgende Ungenauigkeit mit drin: Würden wir erst Datei D_1 mit Startwert S_1 und dann D_2 mit dem Startwert D_2 verwenden, würden wir das als andere Möglichkeit zählen, als wenn wir erst D_2 mit S_2 und dann D_1 mit S_1 verwenden. Bei einer XOR-Operation ist diese Reihenfolge jedoch völlig egal.

Bei zwei Dateien mit eigenem Startwert haben wir das Ergebnis also zu halbieren. Wie würde es nun bei der Kombination mit drei Dateien inklusive jeweils eigenem Startwert aussehen? Wie viele Möglichkeiten gibt es, drei Ereignisse in verschiedene Reihenfolgen zu bringen:

123   132   213   231   312   321

Es gibt insgesamt sechs solcher Möglichkeiten, bei vier Ereignissen 24 Möglichkeiten, bei fünf Ereignissen 120. Mathematisch formuliert gibt es n! solcher Möglichkeiten, wobei das Ausrufezeichen hier als „Fakultät" gesprochen wird.

So können wir nun auch ausrechnen, wie viele Möglichkeiten es bei der Kombination von drei, vier und fünf verschiedenen Dateien mit eigenem Startwert gibt:

3 Dateien: $(3 \cdot 10^9)^3 / 3! = 4{,}5 \cdot 10^{27}$

4 Dateien: $(3 \cdot 10^9)^4 / 4! = 3{,}4 \cdot 10^{36}$

5 Dateien: $(3 \cdot 10^9)^5 / 5! = 2 \cdot 10^{45}$

3.2.2 Wie sicher muss es denn sein

Nun wollen wir uns mal der Frage nähern, wie viele Kombinationen nun als wirklich ausreichend zu betrachten sind. Hier gibt es nun mehrere Möglichkeiten, an diese Frage heranzugehen.

Eine dieser Möglichkeiten ist die Frage, was denn jetzt und in absehbarer Zeit technisch entschlüsselbar ist. Momentan würde ich das wie folgt abschätzen: Es gibt schon Grafikkarten mit mehr als 1000 Shader-Kernen, großzügig runde ich auf 10.000 auf. Für das Durchprobieren einer Kombination mit Wörterbuchabgleich braucht ein Shader-Kern selbst bei einem optimierten Algorithmus länger als 1 µs. Rechne ich also großzügig mit 10^{10} Entschlüsselungen pro Sekunde.

Im privaten Bereich gehe ich mal davon aus, dass selbst ein engagierter Stalker oder so jemand nicht mehr als 10 solcher Rechner an den Start bringt, dass er nicht länger als 3 Jahre Geduld hat (also $9,5 \cdot 10^7$ Sekunden, großzügig aufgerundet auf 10^8). Zudem dürfte es ausreichen, wenn die Wahrscheinlichkeit, die Datei zu entschlüsseln, dann unter 0,1% liegt. Dafür brauchen wir $10^{10} \cdot 10 \cdot 10^8 \cdot 1000 = 10^{22}$ Möglichkeiten, mit drei Datei-Startwert-Kombinationen kommen wir also hin.

Im Bereich der Verschlüsselung von Firmengeheimnissen oder bei Dissidenten in Diktaturen kann man davon ausgehen, dass die Anzahl der Rechner, mit denen ein Brute-Force-Angriff ausgeführt wird, durchaus auch bei 1000 liegen kann. Das würde die Zahl der erforderlichen Kombinationen auf 10^{24} erhöhen, auch da kämen wir mit drei Datei-Startwert-Kombinationen noch hin.

Jetzt lese ich allerdings von „Quanten-Computer für den praktischen Einsatz" und „Faktor 100.000.000 schneller". Ich habe überhaupt keine Ahnung, ob sich die für solche Entschlüsselungsaufgaben eignen, aber wenn man Dinge wirklich vertraulich haben möchte, rechnet man das sicherheitshalber mal mit ein und erhöht die Zahl der Kombinationen auf vier.

Zum Vergleich: Wenn wir die Zahl der Groß- und Kleinbuchstaben, Ziffern und ohne größere Verrenkungen eingebbaren Sonderzeichen, also der Zeichen, die sich für ein Passwort in der Praxis eignen, auf rund 80 schätzen, dann müsste ein Passwort 19 Stellen haben, um ein vergleichbares Sicherheitsniveau zu bieten.

3.2.3 Der Musikschlüssel

Letztlich ist die Auswahl von Musikstücken und die Eingabe der dazugehörenden Startwerte eine Art Passworteingabe. Hier kommt der menschlichen Natur entgegen, dass sich eine Kombination aus drei oder vier Musikstücken viel leichter merken lässt als eine 19-stellige kryptische Zeichenreihenfolge. Bleibt die Frage nach den Startwerten. Hier haben wir den Vorteil, dass die nicht besonders lange sein müssen, da der Wertebereich die Länge der verwendeten Datei nicht überschreiten muss.

Grundsätzlich könnte man diese Startwerte als Ziffern eingeben. Allerdings spricht viel dafür, dass die sich daraus ergebenden Zahlen nicht besonders weit streuen werden.[1] Bei den niederen Zahlen werden sich die "üblichen Verdächtigen" häufen, bei den höheren Zahlen Werte, die sich aus Datumswerten ableiten lassen, also z.B. 10111970.

Von daher werden wir hier einen leicht anderen Weg gehen: Wir werden einen 24-Bit-Wert aus eingegebenen Texten ableiten. 24 Bit umfasst einen Wertebereich von 0 bis 16,78 Millionen, das ist also für Startwerte von bis etwa 2 Millionen hinreichend lang. Von den eingegeben Zeichen werden wir nur die niederwertigeren 4 Bit verwenden, das streut über alle Werte gleichmäßig genug, und wenn Sie sich die Liste in Kapitel 2.1 ansehen, dann werden Sie feststellen, dass die niederwertigen Bits eines Großbuchstabens exakt gleich sind der niederwertigen Bits des dazu-

---

[1] Nach einer neulich veröffentlichten Studie lautet etwa 10% der vom Anwender selbst gewählten 4-stelligen PINs 1234.

gehörenden Kleinbuchstabens, selbst bei den deutschen Umlauten. Anders formuliert: Groß- und Kleinschreibung wird egal. Da uns jedes Zeichen vier Bit liefert, brauchen wir mindestens 6 Zeichen. Zu den Details kommen wir später noch.

Welchen Text wir für die Startwert-Generierung verwenden, ist ziemlich egal, solange er für potentielle Angreifer nicht leicht erratbar ist. Wenn ich z.b. den Eingangschor aus Johann Sebastian Bachs Johannespassion („Herr unser Herrscher“) als eines der Musikstücke nehme, dann sind Texte wie *Johannespassion*, *Johann Sebastian Bach*, *Herr unser Herrscher* und so weiter ziemlich ungeeignet, da sie sich von Dritten viel zu leicht erraten lassen.

Die meisten Menschen assoziieren jedoch mit Musikstücken auch Begriffe, die sich von anderen nicht erraten lassen. Wer käme denn z.b. auf *Revox B77*, weil das eben die Bandmaschine ist, mit der ich damals die Johannespassion in der Schlosskirche zu Altshausen aufgenommen habe. Andere Musikstücke assoziiere ich mit dem Namen des Clubs, in dem ich sie das erste mal gehört habe, mit dem Namen des Mädels, mit der ich mich derweil unterhalten habe, und so weiter. Natürlich sind das alles Begriffe, die in einem ausreichend großen Wörterbuch enthalten sind - dann jedoch hat dieses Wörterbuch aber auch mehr als 2 Millionen Einträge und bietet bei der Startwertermittlung keinerlei Vorteile. (Und natürlich werde ich *Revox B77* nie für eine Startwertgenerierung verwenden...)

3.3 Dateien auf Eignung untersuchen

Ich habe bislang von Musikdateien gesprochen, weil diese sich meist besser merken lassen als Bilddateien - aber auch die sind grundsätzlich geeignet. Stellen wir jedoch die Frage mal anders herum: Welche Dateien sind für dieses Verfahren geeignet?

Zum einen müssen sie groß genug sein, Faustregel ist *länger als die zu verschlüsselnde Datei*. Bei einer Kombination von mehreren Dateien unterschiedlicher Länge ist das jedoch kein Dogma – zumindest eine Datei sollte jedoch länger sein. Und dann sollten die enthaltenen Zeichen sich möglichst gleichmäßig auf den Wertebereich 0 bis 255 verteilen, damit sich über die Werteverteilung kein Ansatz zum Knacken des Schlüssels ergibt. Auch das wiederum ist kein Dogma: Sofern zumindest eine der beteiligten Datei gut gleichverteilt ist (und das auch die Datei ist, die lang genug ist), sind keine wirklich praxistauglichen Ansätze zur schnellen Schlüsselrekonstruktion ersichtlich.

Wir wollen nun ein kleines Tool schreiben, das Dateien untersucht, in wie fern die darin enthaltenen Bytes auf den Wertebereich 0..255 verteilt sind.

Dazu beginnen wir ein neues Projekt (PROJEKT|NEUES PROJEKT...) und legen auf das Formular jeweils eine *TPaintbox* (Palettenseite *Additional*), ein *TPopupMenu* (Palettenseite *Standard*) und einen *TOpenDialog* (Palettenseite *Dialogs*). Bei der Paintbox setzen wir die Eigenschaft *Align* auf *alClient*.

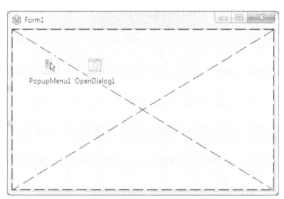

Bild 3.1 Die benötigten Komponenten

Auf das PopupMenu führen wir einen Doppelklick aus und öffnen damit den Menüeditor. Hier geben wir als Caption *Datei öffnen* ein.

75

Bild 3.2: Der Menüeditor

3.3.1 Zeichen zählen

Auf diese Eintrag führen wir einen Doppelklick aus und ergänzen den dadurch angelegten Prozedurenrumpf wie folgt:

```
procedure TForm1.miDateiWaehlenClick(
  Sender: TObject);
begin
  if OpenDialog1.Execute then
    DateiUntersuchen(OpenDialog1.FileName);
end;
```

Die Methode Execute von *OpenDialog1* öffnet einen Dialog zur Dateiauswahl. Je nachdem, ob dieser Dialog mit Öffnen oder Abbrechen geschlossen wird, gibt *Execute true* oder *false* zurück, und wenn sie *true* zurück gibt, dann wird die Methode *DateiUntersuchen* aufgerufen. Dieser Methode wird der Dateiname, der mit *OpenDialog1* ermittelt wurde, als Parameter übergeben. Ein Parameter ist ein Wert, der einer Routine, also einer Prozedur oder Funktion übergeben wird. Die Besonderheiten dabei interessieren uns jetzt noch nicht.

Aufmerksame Leser werden festgestellt haben, dass *DateiUntersuchen* ein deutschsprachiger Bezeichner ist. Wenn Sie nun den Verdacht haben, dass es sich dabei um keine vordefinierte Funktion handelt, dann liegen Sie damit richtig - wir werden *DateiUntersuchen* selbst schreiben. Dazu erweitern wir zunächst mal die Klassendefinition unseres Formulars:

```
TForm1 = class(TForm)
  miDateiWaehlen: TMenuItem;
  OpenDialog1: TOpenDialog;
  PaintBox1: TPaintBox;
  PopupMenu1: TPopupMenu;
  procedure miDateiWaehlenClick(Sender: TObject);
private
  FCount: array[0..255] of integer;
  FMax: integer;
  procedure DateiUntersuchen(AFileName: string);
public
  { public declarations }
end;
```

Wir legen nun im private-Bereich zwei Felder und die Methode
DateiUntersuchen an, und hinterfragen erst mal nicht, was der
private- und was der *public*-Teil ist - nicht alles auf einmal. Feld-
definitionen sind ähnlich Variablendeklarationen, nur dass wir
hier kein Schlüsselwort *var* haben. Felder beginnen laut den Kon-
ventionen mit einem großen *F* am Anfang. Was ein Array ist,
haben wir bereits in Kapitel 2 geklärt - hier haben wir eines mit
256 Array-Feldern, für jeden der 256 möglichen Zeichen gibt es
ein Array-Feld vom Typ *integer*, und in diesem Feld werden wir
dann mitzählen, wie häufig jedes Zeichen vorkommt. Und dann
gibt es noch das Feld *FMax*, in das wir dann schreiben, wie hoch
das Vorkommen des häufigsten Zeichens ist – den Wert können
wir für die Skalierung der Anzeige gut gebrauchen.

Und dann richten wir noch die Methode *DateiUntersuchen* ein,
die den Parameter *AFileName* vom Typ *string* hat – das ist der
Dateiname der Datei, die da untersucht werden soll. Schauen
wir uns diese Methode mal etwas genauer an:

```
procedure TForm1.DateiUntersuchen(
  AFileName: string);
var
  LStream: TFileStream;
  i, LByte: integer;
begin
  FMax := 0;
```

77

```
  for i := 0 to 255 do
    FCount[i] := 0;
  LStream := TFileStream.Create(AFileName,
    fmOpenRead);
  try
    for i := 1 to LStream.Size do
    begin
      LByte := LStream.ReadByte;
      inc(FCount[LByte]);
    end;
  finally
    LStream.Free;
  end;
  for i := 0 to 255 do
    FMax := Max(FCount[i], FMax);
  Paintbox1.Refresh;
end;
```

Ja, das ist jetzt mal wieder vieles auf einmal. Keine Sorge, alles halb so wild:

```
procedure TForm1.DateiUntersuchen(
  AFileName: string);
var
  LStream: TFileStream;
  i, LByte: integer;
```

Wir beginnen mal wieder mit einer Variablendeklaration. Integer-Variable kennen Sie ja bereits, nun haben wir noch eine Variable vom Typ *TFileStream*. Dabei handelt es sich um eine Klasse, die sich zum Lesen und Schreiben von Dateien eignet – wir werden es erst mal beim Lesen belassen.

```
begin
  FMax := 0;
  for i := 0 to 255 do
    FCount[i] := 0;
```

Die Routine beginnt erst mal damit, dass wir alle Array-Felder von *FCount* auf 0 setzen. Dazu verwenden wir eine Schleife von 0 bis 255. Außerdem setzen wir *FMax* auf 0.

```
LStream := TFileStream.Create(AFileName,
   fmOpenRead);
try
   ..
finally
   LStream.Free;
end;
```

Mit *TFileStream.Create* wird nun eine sogenannte Instanz von *TFileStream* angelegt. Sie erinnern sich vielleicht noch an die Aussage in Kapitel 2, dass eine Klasse eine Art Bauplan ist. Von diesem Bauplan wollen wir jetzt ein Exemplar fertigen, und dafür gibt es die Methode *Create*, die man auch den Konstruktor (englisch *constructor*) nennt. Was da genau passiert, braucht uns nicht zu interessieren, auf jeden Fall wird aber in einem Speicherbereich Platz für dieses Exemplar reserviert. Und damit wir wissen, wo dieser Platz liegt und darüber auf diese Instanz zugreifen können, brauchen wir einen sogenannten Zeiger darauf – und das ist *LStream*. Dieser Zeiger ist hier als lokale Variable angelegt.

Dem Konstruktor werden zwei Parameter übergeben: Zum einen den Dateinamen, aus dem hier gelesen werden soll, und zum anderen zeigen wir mit *fmOpenRead* (das ist eine vordefinierte Konstante) an, dass wir hier nur lesen wollen.

Alles, was wir erzeugen, sollten wir auch wieder wegräumen, damit uns nicht der Speicher „zumüllt". Wir rufen deshalb nach dem Auszählen den Destruktor auf, allerdings indirekt über die Methode *Free*.

Und dann haben wir noch diese *try..finally*-Konstruktion – wozu wird denn diese gebraucht? Immer dann, wenn wir Code ausführen, kann das auch schiefgehen. Zum Beispiel könnten wir aus einer Datei lesen wollen, die dann plötzlich nicht mehr da ist (USB-Stick raus gezogen oder so). Dann bricht die Routine mit einer sogenannten *Exception* ab. Das ist erst mal nicht weiter tragisch, es werden die betreffenden Anweisungen dann halt nicht mehr ausgeführt. Allerdings dann auch nicht das *LStream.Free* - und zurück bleibt eine Speicherleiche. Um das

zu vermeiden, verwenden wir einen sogenannten Ressourcenschutzblock, eben diese *try..finally*-Konstruktion. Was auch immer zwischen *try* und *finally* schief geht oder auch nicht - die
Anweisungen zwischen *finally* und *end* werden in jedem Fall
ausgeführt.

```
for i := 1 to LStream.Size do
begin
  LByte := LStream.ReadByte;
  inc(FCount[LByte]);
end;
```

Und schon wieder haben wir eine *for*-Schleife, diesmal geht sie
vom ersten bis zum letzten Byte der Datei - mittels *LStream.Size*
ermitteln wir die Größe in Byte. Mit der Methode *ReadByte* lesen wir genau ein Byte aus dem Stream, und zwar das Byte, auf
das ein interner Zeiger gerade zeigt. Dieser wird dadurch auf
das nächste Byte gesetzt, so dass wir durch wiederholtes Aufrufen von *ReadByte* ein Byte nach dem anderen lesen - und das Ergebnis jeweils in *LByte* speichern.

Danach rufen wir die Routine *inc* auf, welche die übergebene
Variable um eins weiter zählt. Die übergebene Variable ist – je
nach Inhalt von *LByte* – das entsprechende Array-Feld, so dass
wir dieses eins weiter zählen. Das machen wir mit allen Bytes
des Streams so, und haben dadurch im Array *FCount* die Häufigkeit der Vorkommen der einzelnen Bytes.

```
for i := 0 to 255 do
  FMax := Max(FCount[i], FMax);
```

Anschließend gehend wir einmal durch alle Array-Felder und
ermitteln den größten Wert. Dazu wird für jedes Array-Feld die
Funktion *Max* aufgerufen, der zwei Parameter übergeben werden, und die den größeren der beiden als Funktionsergebnis
zurückliefern. Der eine Parameter ist das Feld *FMax*, der andere
unser aktuelles Array-Feld. Ist der Wert im Array-Feld größer
als *FMax*, dann wird dieser als neues Maximum nach *FMax* geschrieben, wenn nicht, dann bleibt *FMax* so, wie es ist. Am Ende
steht dann der größte vorkommende Wert des Arrays in *FMax*.

`Paintbox1.Refresh;`

Zum Schluss sagen wir der Paintbox noch, dass sie sich neu zeichnen soll – damit dann aber was zu sehen ist, müssen wir erst etwas programmieren.

3.3.2 Diagramm anzeigen

Bevor wir nun das Diagramm zeichnen, wollen wir erst mal dafür sorgen, dass es auch dann aktualisiert wird, wenn sich die Größe der PaintBox ändert - zum Beispiel, weil das Formular maximiert wird. Dazu selektieren wir die PaintBox und wählen im Objektinspektor die Registerseite Ereignisse. Hier führen wir rechts neben *OnResize* einen Doppelklick aus und legen damit den folgenden Methodenrumpf an:

```
procedure TForm1.PaintBox1Resize(Sender: TObject);
begin
   Paintbox1.Refresh;
end;
```

Bild 3.3: Neue Ereignisbehandlungsroutine anlegen

Diesen Methodenrumpf wollen wir nun füllen, auch hier reicht aus, der Paintbox zu sagen, dass sie sich neu zeichnen soll:

81

```
procedure TForm1.PaintBox1Resize(Sender: TObject);
begin
  Paintbox1.Refresh;
end;
```

Nach selben Muster führen wir nun einen Doppelklick auf *OnPaint* aus und füllen den damit angelegten Methodenrumpf wie folgt:

```
procedure TForm1.PaintBox1Paint(Sender: TObject);
var
  i, Lx, Ly: integer;
  LScale: single;
begin
  FWidth := (PaintBox1.Width - 2 * RAND) div 255;
  LScale := (PaintBox1.Height - 2 * RAND)
    / Max(FMax, 1);
  PaintBox1.Canvas.Brush.Color := clWhite;
  PaintBox1.Canvas.FillRect(0, 0,
    PaintBox1.Width, PaintBox1.Height);
  PaintBox1.Canvas.Pen.Width := FWidth;
  PaintBox1.Canvas.Pen.Color := clBlack;
  for i := 0 to 255 do
  begin
    Lx := RAND + i * FWidth;
    Ly := PaintBox1.Height - RAND;
    PaintBox1.Canvas.MoveTo(Lx, Ly);
    Ly := Ly - round(FCount[i] * LScale);
    PaintBox1.Canvas.LineTo(Lx, Ly);
  end;
end;
```

Ja, da kommt wieder viel Neues auf einmal:

```
var
  i, Lx, Ly: integer;
  LScale: single;
```

Das ist wieder eine Variablen-Deklaration. Integer-Variable kennen wir bereits, mit *LScale* legen wir eine sogenannte Gleitkommavariable an, *LScale* kann also Kommazahlen speichern.

```
FWidth := (PaintBox1.Width - 2 * RAND) div 256;
LScale := (PaintBox1.Height - 2 * RAND)
  / Max(FMax, 1);
```

Unser Formular kann unterschiedlich breit und hoch sein, des weiteren werden bei unterschiedlich großen Dateien auch die Häufigkeiten unterschiedlich ausfallen. Damit wir unser Diagramm dem anpassen, ermitteln wir erst mal zwei Werte: *FWidth* und *LScale*.

FWidth ist die Breite eines „Balkens" (der bei schmalen Fenstern eher ein Strich sein wird). Am vorangestellten *F* erkennen wir, dass es ein Feld ist, wir müssen also unsere Klassendefinition erweitern:

```
private
  FCount: array[0..255] of integer;
  FMax: integer;
  FWidth: integer;
```

Um die maximal mögliche Balkenbreite zu ermitteln, nehmen wir die Breite der PaintBox und teilen sie durch die Anzahl der Balken, also durch 256. Weil wir hier eine Integer-Division vornehmen, kommen auch nur ganzzahlige Werte raus. Und für ein wenig ästhetisches Empfinden sehen wir noch einen Rand vor, dessen Breite müssen wir links und rechts, also zweimal abziehen. Und natürlich müssen wir die Konstante RAND definieren, das machen wir ganz am Anfang der Unit:

```
interface

uses
  Classes, SysUtils, FileUtil, Forms, Controls,
  Graphics, Dialogs, ExtCtrls, Menus, Math;

const
  RAND = 20;

type
```

LScale ist ein Skalierungsfaktor. Das Diagramm soll so skaliert werden, dass das häufigste Vorkommen den ganzen Bildschirm ausfüllt. Dafür teilen wir die Höhe der Paintbox durch *FMax*, für diesen Zweck haben wir diesen Wert vorher ermittelt. Natürlich ziehen wir von *Paintbox1.Height* hier auch wieder den Rand für oben und unten ab, also auch hier wieder zweimal.

```
LScale := (PaintBox1.Height - 2 * RAND)
  / Max(FMax, 1);
```

Und dann haben wir da noch so eine Art Sicherheitsmaßnahme: Das Diagramm wird ja auch gezeichnet, bevor wir überhaupt die erste Datei ausgewählt haben. Zu diesem Zeitpunkt hat *FMax* noch den Wert 0, einfach deswegen, weil Feldwerte (sofern sie Zahlen sind) mit 0 initialisiert werden. Vielleicht wissen Sie noch aus dem Mathematikunterricht, dass eine Division durch 0 keine gute Idee ist. Bei Computerprogrammen führt das zu einer Exception, das Programm bricht also an der Stelle ab. Deshalb nutzen wir wieder die Funktion *Max*, die dafür sorgt, dass in diesem Fall durch 1 statt durch 0 geteilt wird.

```
PaintBox1.Canvas.Brush.Color := clWhite;
PaintBox1.Canvas.FillRect(0, 0,
  PaintBox1.Width, PaintBox1.Height);
```

Bei einer PaintBox müssen wir alles selbst zeichnen, auch den Hintergrund. Deshalb setzen wir die Farbe des sogenannten Pinsels auf weiß und zeichnen damit ein Rechteck, das so groß ist wie die Paintbox. Die Paintbox hat eine Eigenschaft namens *Canvas*, das ist deren Zeichenfläche. Diese Zeichenfläche hat eine Eigenschaft *Brush*, das ist der sogenannte Pinsel, und dieser hat wiederum eine Eigenschaft *Color*, das ist dessen Farbe. Für die Farbe gibt es viele vordefinierte Konstanten, diese beginnen mit *cl* (für Color) und dann dem Farbnamen auf englisch.

Die Zeichenfläche hat auch eine Methode *FillRect*, damit wird ein rechteckiger Bereich mit der Farbe des Pinsels ausgefüllt. Von diesem Bereich sind die Außenkoordinaten anzugeben, wir nehmen dazu die linke obere Ecke, also X-Position und Y-Position gleich 0, sowie die rechte untere Ecke, X-Position gleich der Breite der PaintBox und Y-Position gleich der Höhe der PaintBox.

```
PaintBox1.Canvas.Pen.Width := FWidth;
PaintBox1.Canvas.Pen.Color := clBlack;
```

Neben dem Pinsel (*Brush*) hat die Zeichenfläche auch noch eine Eigenschaft Stift (*Pen*). Dessen Breite setzen wir auf *FWidth*, damit wir Striche der vorhin berechneten Balkenbreite zeichnen. Außerdem setzen wir die Stiftfarbe auf schwarz.

```
for i := 0 to 255 do
begin
  ...
end;
```

Nun gehen wir in einer Schleife durch alle 256 Felder des Arrays. In jedem Schleifendurchlauf wollen wir die vorhin gezählte umd im Array gespeicherte Häufigkeit darstellen, und zwar als Strichlänge.

```
Lx := RAND + i * FWidth;
```

Zunächst ermitteln wir, an welche X-Position wir den Strich setzen. Für das Zeichen \$00 wollen wir den Strich ganz links und für \$FF ganz rechts zeichnen. Also multiplizieren wir die Schleifenvariable i mit der vorhin berechneten Stiftbreite, und addieren noch den linken Rand hinzu. Damit haben wir die Koordinate auf der X-Achse.

```
Ly := PaintBox1.Height - RAND;
PaintBox1.Canvas.MoveTo(Lx, Ly);
```

Im nächsten Schritte ermitteln wir den Startpunkt unseres Strichs, der soll am unteren Rand des Diagramms sein, dafür müssen wir von der Diagrammhöhe noch den Rand abziehen. Mit der Zeichenflächen-Methode *MoveTo* setzen wir den Stift auf den Schnittpunkt der beiden Koordinaten.

```
Ly := Ly - round(FCount[i] * LScale);
PaintBox1.Canvas.LineTo(Lx, Ly);
```

Nun berechnen wir die Länge des Strichs und ziehen diese von
der aktuellen Y-Position ab; damit erhalten wir unsere neue Y-
Position. Für die Länge multiplizieren wir die ermittelte Anzahl,
die im entsprechenden Feld von *FCount* steht, mit dem vorhin
berechneten Skalierungsfaktor *LScale*. Das ist jedoch ein
Gleitkommawert, und wir brauchen einen ganzzahligen Wert,
weil *TCanvas* in ganzen (Bildschirm-) Pixeln denkt. Also runden
wir den berechneten Wert mit der Funktion *round*. Da wir einen
senkrechten Strich zeichnen, bleibt der Wert von *Lx* gleich. Somit
können wir mit der Zeichenflächen-Methode *LineTo* nun einen
Strich an die neue Position ziehen.

Um bei Auffälligkeiten besser untersuchen zu können, um welches Zeichen es sich denn handelt, wollen wir für die PaintBox
noch eine OnMouseMove-Ereignisbehandlungsroutine anlegen.
Dazu selektieren wir die PaintBox und führen im Objektinspektor
einen Doppelklick auf das Feld neben OnMouseMove aus. Den
dadurch angelegten Prozedurenrumpf füllen wir wie folgt:

```
procedure TForm1.PaintBox1MouseMove(Sender:
  TObject; Shift: TShiftState; X, Y: Integer);
var
  LValue: integer;
begin
  if FWidth > 0 then
  begin
    LValue := (x - RAND + (FWidth div 2))
     div FWidth;
    if LValue in [0..255] then
      Caption := Format('%d    %2x    "%s"',
        [LValue, LValue, Chr(LValue)])
    else
      Caption := '';
  end;
end;
```

Zunächst einmal die Frage, wozu das überhaupt: Wenn wir in
einem Diagramm einen auffälligen Wert haben - meist besonders hoch - dann könnte ja interessieren, um welchen Wert es

3.3 Dateien auf Eignung untersuchen

sich handelt. Bei den zur Verfügung stehenden Bildschirmbreiten können wir jedoch keine Skala ranmachen. Von daher wählen wir die Methode, mit der Maus auf den Balken zu zeigen, und in der Titelleiste der Anwendung soll dann der entsprechende Wert stehen. Um auf Bewegungen der Maus zu reagieren, verwendet man das Ereignis *OnMouseMove*. Diese übernimmt als Parameter die Koordinaten der jeweiligen Maus-Position.

```
var
  LValue: integer;
```

Eingangs deklarieren wir eine Variable für den Wert, den wir ermitteln und anzeigen wollen.

```
if FWidth > 0 then
begin
  ...
end;
```

Bei der Berechnung werden wir dann eine Ganzzahldivision durch *FWidth* durchführen. Das würde schief gehen, wenn dieser Wert noch 0 ist. Daher führen wir den folgenden Code nur dann aus, wenn *FWidth* größer 0 ist.

```
LValue := (x - RAND + (FWidth div 2))
  div FWidth;
```

Wir haben die Koordinaten x und y und wollen diese in einen Wert umrechnen. *Y* können wir ignorieren, diese Koordinate verwenden wir für die Häufigkeit des Vorkommens. Es bleibt *x*. Von *x* ziehen wir zunächst mal den Rand ab und teilen das Ergebnis durch die Balkenbreite *FWidth*. Nehmen wir mal an, wir haben eine Balkenbreite von 4, dann würde das Zeichen 10 an die Stelle 40 (+ RAND) gezeichnet, also kommen wir von der Stelle 40 mit einer Division durch die Balkenbreite wieder auf das Zeichen 10. Was soll aber das + *(FWidth div 2)*? Nun, wenn wir einen senkrechten Strich mit der Breite FWidth zeichnen, dann ist die eine Hälfte des Strichs links und die andere Hälfte rechts von der Koordinate. Da die Ganzzahldivision immer nach unten abrundet, fügen wir noch eine halbe Balkenbreite hinzu.

3.4 Untersuchungsergebnisse

Nun schauen wir uns einige Dateien an. Zunächst einmal eine Textdatei mit dem Text dieses Kapitels bis jetzt, Bild 3.4:

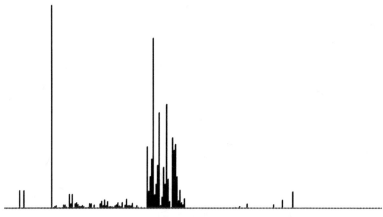

Bild 3.4: Zeichenverteilung eines Textes

Hier stellen wir fest, dass von Gleichverteilung keine Rede sein kann. Das häufigste Vorkommen ist das Leerzeichen. Am linken Ende haben wir – das sind die Zeichen 10 und 13 – den Zeilenumbruch. Bei den Buchstaben kommen die Zeichen *e*, *n*, *i*, *r*, *t* und *s* am häufigsten vor, auch dies ist für einen deutschsprachigen Text nicht weiter verwunderlich.

Nun wollen wir denselben Text mal als Zip-Datei untersuchen. Durch die Komprimierung reduziert sich nicht nur der Speicherplatz von 33 auf 12 kByte, sondern die Verteilung der Zeichen ist nun auch deutlich gleichmäßiger – siehe Bild 3.5. Eine kleine Auffälligkeit liegt darin, dass das Zeichen $00 (das ist der Balken ganz links) deutlich überrepräsentiert ist.

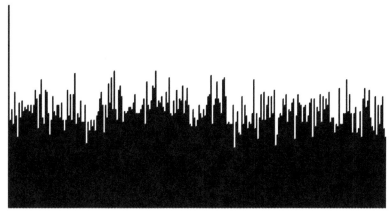

Bild 3.5: Derselbe Text gezippt

Bild 3.6 zeigt die Zeichenverteilung eines MP3-Files. Typisch hier ist die massive Häufung des Zeichens $FF. Da bei allen anderen Werten die Zeichen näherungsweise gleichverteilt sind, spricht das noch nicht gegen die Eignung als Schlüssel, zumal ja mit XOR mehrere Dateien gemischt werden.

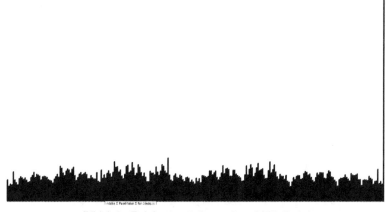

Bild 3.6: Zeichenverteilung einer MP3-Datei

Anders sieht das bei der folgenden Wave-Datei aus, hier haben
wir eine sehr auffällige Häufung zu den beiden Außenwerten
hin. Bei anderen Wave-Dateien kann das aber auch schon wieder
etwas anders aussehen (die Datei hier ist eine Sprachdatei).

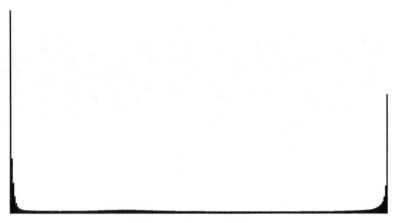

Bild 3.7: Eine Wave-Datei

Als nächstes schauen wir uns ein JPEG direkt aus der Kamera
an. Hier haben wir wieder näherungsweise eine Gleichverteilung,
wie wir sie von allen komprimierten Formaten her kennen, mit
einem deutlichen Peak bei Zeichen $00:

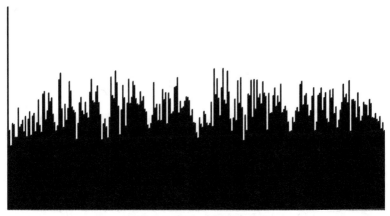

Bild 3.8: Eine JPEG-Datei

Zuletzt betrachten wir noch eine Programmdatei, hier eine DLL. Eine näherungsweise Gleichverteilung haben wir hier nicht, zudem eine starke Häufung zu $00 und $FF:

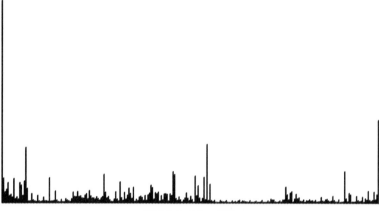

Bild 3.9: Eine DLL

Was nehmen wir nun als Ergebnis dieser Untersuchung mit?

- Alle komprimierten Dateien (zip, mp3, jpeg, ...) sind aufgrund ihrer hohen Zeichengleichverteilung eine brauchbare Grundlage für einen Schlüssel.

- Alle unkomprimierten Dateien sind weniger gut geeignet.

Sollten wir unkomprimierte Dateien deswegen weglassen? Nein, sollten wir nicht, nicht beim hier eingesetzten Verfahren.

Wenn wir mehrere komprimierte Dateien mischen und dabei in diesen Dateien jeweils an unterschiedlicher Stelle beginnen, dann ergibt das einen Schlüssel, dem man nur mit der Brute-Force-Methode beikommt.

Einen solchen Schlüssel kann man nicht dadurch schwächen, dass man eine weitere, allerdings „schlechte" Datei hinzufügt. Im Extremfall (weitere Datei besteht ausschließlich aus Zeichen $00) ändert sich die Schlüsseldatei nicht, die weitere Datei bringt lediglich keinen Hinzugewinn. Alle weiteren Dateien, auch wenn sie für sich genommen schwach sind, verändern und verbessern damit den Schlüssel.

Der Aufwand für einen Brute-Force-Angriff bemisst sich bei dem hier vorgeschlagenen Verfahren nach zwei Faktoren:

- Aus wie vielen Datei-Startwert-Kombinationen ist der Schlüssel zusammengesetzt?
- Wie viele Dateien kommen für die Kombinationsbildung in Frage?

Wenn wir nun den Kreis der in Frage kommenden Dateien von den komprimierten auf alle Dateien erweitern – alleine in meinem Windows-Verzeichnis finden sich über 20 000 DLLs – dann erhöht das die Schwierigkeit eines Angriffs und senkt sie nicht.

(Vorsicht jedoch: sobald ein Windows-Update eine geänderte DLL einspielt, bekommen Sie Ihre Daten nicht mehr entschlüsselt!)

Damit die Gleichverteilung der Zeichen innerhalb des Gesamtschlüssels gewährleistet ist, sollten daran jedoch mindestens zwei komprimierte Dateien beteiligt sein.

3.5 Einmalige Schlüssel

Um einen wirklich einmaligen langen Schlüssel zu erzeugen, können Sie das am Anfang des Kapitels skizzierte Verfahren verwenden: Radio so einstellen, dass kein Sender zu hören ist und aufnehmen – dazu bringt so gut wie jedes Betriebssystem bereits ein kleines Tool mit.

Wenn Sie das nicht als einzige Schlüsseldatei verwenden, dann brauchen Sie noch nicht einmal weitere Maßnahmen zu treffen (wie z.B. nur das niederwertige Byte zu verwenden). Allerdings stellt sich auch hier die Frage der Geheimhaltung dieser Schlüsseldatei.

Text verschlüsseln 4

Nun gibt es endlich „Butter bei die Fische" – wir schreiben unser erstes richtiges Verschlüsselungsprogramm.

4.1 Das Formular

Wir legen ein neues Projekt an und bestücken das Hauptformular wie folgt mit Komponenten:

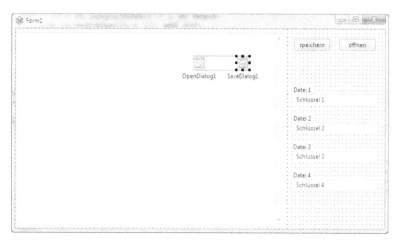

Bild 4.1: Das Formular unseres Verschlüsselungsprogramms

Wir beginnen – und das ist im Bild etwas schwer zu erkennen – damit, dass wir zwei *TPanel*-Komponenten (Palettenseite *Standard*) auf das Formular legen, bei einer davon die Eigenschaft *Align* auf *alRight* setzen, bei der anderen auf *alClient*. Bei beiden Panels setzen wir *BevelOuter* auf *bvNone* und *BorderWidth* auf 8.

Auf das linke Panel setzen wir das Memo, auf das rechte alle anderen Komponenten (die beiden Dialoge sind ohnehin nicht-visuelle Komponenten, da ist es völlig egal, wo die hinkommen).

Neben dem schon bekannten *TOpenDialog* haben wir hier auch einen *TSaveDialog* (ebenfalls auf der Registerseite *Dialogs* zu finden), ansonsten zwei Buttons. Diese benennen wir, um dann im Quelltext nicht durcheinander zu kommen, gleich mal in *btnSave* und *btnLoad* um; die dazu nötige Eigenschaft heißt *Name*).

Für die Schlüssel-Startwert-Kombinationen haben wir vier *TLabel*- und vier *TEdit*-Komponenten, deren Eigenschaft *Caption* bzw. *Text* wir wie in Kapitel 4.1 abändern. Und beim Memo setzen wir die Eigenschaft *ScrollBars* auf *ssVertical* und natürlich *Align* auf *alClient*.

Mit dem Wert *alClient* legen wir fest, dass eine Komponente den zur Verfügung stehenden Raum ausfüllt. Das haben wir einmal beim linken Panel, und jetzt wieder beim Memo, das damit den vom Panel eingenommenen Raum ausfüllt, abzüglich des mit BorderWidth eingestellten Randes.

4.2 Den Text verschlüsseln und speichern

Wir beginnen nun damit, dass wir beim Klick auf den Speichern-Button den im Memo eingegebenen Text verschlüsseln und abspeichern wollen. Mit einem Doppelklick auf den Button legen wir einen Prozedurenrumpf für die *OnClick*-Ereignisbehandlungs-routine an und füllen diese wie folgt:

```
procedure TForm1.btnSaveClick(Sender: TObject);
var
   fn: string;
begin
```

```
if Memo1.Lines.Text = '' then
begin
  ShowMessage('Es gibt keinen Text zum
      speichern.');
  exit;
end;
if SaveDialog1.Execute then
begin
  fn := SaveDialog1.FileName;
  if FileExists(fn) then
  begin
    if MessageDlg('Datei exitsiert bereits',
      'Soll die Datei "' + fn
      + '" überschrieben werden?',
      mtConfirmation,
      [mbYes, mbNo], 0) = mrYes then
      TextSpeichern(Memo1.Lines.Text, fn);
  end
  else
    TextSpeichern(Memo1.Lines.Text, fn);
end;
end;
```

Die Routine gliedert sich in zwei Teile: Im ersten Teil prüfen wir erst mal, ob es im Memo einen Text gibt. Eigentlich prüfen wir, ob es im Memo keinen Text gibt, also *Memo1.Lines.Text* gleich einem leeren String ist. In diesem Fall geben wir eine entsprechende Fehlermeldung aus und brechen die Ausführung der Prozedur mit *exit* ab.

Danach – und wenn wir überhaupt an diese Stelle kommen, dann haben wir Text – führen wir den SaveDialog mittels der Methode *Execute* aus. Wird dieser Dialog mit *Speichern* geschlossen, dann gibt *Execute* den Wert *true* zurück und wir verzweigen in den *then*-Teil.

Dort speichern wir den Dateinamen erst mal in der Variable *fn* zwischen und prüfen dann mittels *FileExists*, ob es bereits eine Datei dieses Namens gibt. Wenn ja, kommt eine Sicherheitsabfrage, ob wir diese Datei wirklich überschreiben wollen.

Diese Sicherheitsabfrage sieht so aus wie in Bild 4.2 und liefert – je nach dem, mit welchem Button sie geschlossen wird – *mrYes* oder *mrNo* zurück. Wenn der Dialog mit *Ok* geschlossen wird, dann rufen wir die Methode *TextSpeichern* auf.

Bild 4.2: Sicherheitsabfrage

TextSpeichern rufen wir auch dann auf, wenn es eine Datei dieses Namens nicht gibt. Die *if*-Verzweigung kennen wir bislang nur als *if..then*. Hier kommt nun ein *else*-Zweig hinzu. Dieser wird ausgeführt, wenn die Bedingung nicht zutrifft, wenn also die Anweisung oder der Block nach *then* nicht ausgeführt wird.

```
procedure TForm1.TextSpeichern(
    AText, AFilename: string);
var
  LMemoryStream: TMemoryStream;
begin
  LMemoryStream := TMemoryStream.Create;
  try
    LMemoryStream.WriteBuffer(
      Pointer(AText)^, Length(AText));
    StreamVerschluesseln(LMemoryStream,
      Label1.Hint, CalcStartwert(Edit1.Text));
    StreamVerschluesseln(LMemoryStream,
      Label2.Hint, CalcStartwert(Edit2.Text));
    StreamVerschluesseln(LMemoryStream,
      Label3.Hint, CalcStartwert(Edit3.Text));
    StreamVerschluesseln(LMemoryStream,
      Label4.Hint, CalcStartwert(Edit4.Text));
    // hier gegebenenfalls ergänzen
    LMemoryStream.SaveToFile(AFilename);
```

```
finally
  LMemoryStream.Free;
end;
end;
```

Der Routine *TextSpeichern* übergeben wir den Inhalt des Memos sowie den Dateinamen als String. In dieser Routine erzeugen wir erst mal eine *TMemoryStream*-Instanz. Streams kennen wir bereits von *TFileStream* im letzten Kapitel. Memory-Streams funktionieren ähnlich, allerdings werden die Daten rein im Speicher gehalten.

Auch hier setzten wir wieder einen Ressourcenschutzblock ein, sorgen also mittels einer *try..finally..end*-Konstruktion dafür, dass der Stream und der damit reservierte Speicherplatz gesichert wieder freigegeben werden.

Nach der Erzeugung des Streams mit *Create* wollen wir erst mal den Inhalt des Strings in eben diesen Stream speichern, dafür gibt es die Methode *WriteBuffer*. Dieser übergeben wir die Adresse eines Speicherplatzes, ein sogenannter Zeiger, und die Anzahl der Zeichen, die in den Stream kopiert werden sollen. Die Anzahl der Zeichen ergibt sich aus der Länge auf *AText*, die Funktion *Length* gibt die Länge als Zahl zurück. Die Sache mit dem Zeiger sieht ein wenig kryptisch aus – seit dem die modernen Pascal-Dialekte das Zeiger-Handling ziemlich gut vor dem Anwender verbergen, ist man das einfach nicht mehr gewohnt. Ich muss auch jedes mal nachschlagen, wenn ich mal etwas explizit mit Zeigern programmieren muss.

Diejenigen, die sich ein wenig mit der Lazarus-Klassenbibliothek auskennen, werden sich vielleicht fragen, warum wir nicht gleich die Methode *WriteAnsiString* verwenden. Diese jedoch schreibt vorneweg die Länge des Strings, was normalerweise prima ist, da man so problemlos mehrere Strings hintereinander schreiben kann. Wenn wir jedoch dann alle Zeichen mit *xor* verschlüsseln, dann stimmen diese Längenangaben nicht mehr, also hätte man dann darauf achten müssen, dass diese Längenangaben von der Verschlüsselung ausgenommen bleiben.

97

Anschließend rufen wir vier mal *StreamVerschluesseln* auf. Als Parameter übergeben wir zunächst den Stream (genauer gesagt eine Referenz darauf, also einen Zeiger), dann den Dateinamen für die Datei, welche als Schlüssel herangezogen wird, und dann den Startwert, den wir mit *CalcStartwert* erst einmal aus dem Text im Eingabefeld ermitteln.

Es mag verwundern, dass der Dateiname der jeweiligen zur Verschlüsselung herangezogenen Datei in der Eigenschaft *Hint* steht, ist diese doch eigentlich für Hinweistexte vorgesehen, die dann angezeigt werden, wenn sich die Maus über dem jeweiligen Steuerelement befindet.

Dies liegt daran, dass ich in dem mir eigenen Pragmatismus diese Eigenschaft für das Speichern von Dateinamen zweckentfremdet habe. Damit die Dateinamen in diese Eigenschaft kommen, gibt es die folgenden *OnDblClick*-Ereignisbehandlungsroutine, die immer dann aufgerufen wird, wenn ein Doppelklick auf das Label ausgeführt wird.

```
procedure TForm1.Label1DblClick(Sender: TObject);
var
   LLabel: TLabel;
begin
   if OpenDialog1.Execute then
   begin
      LLabel := (Sender as TLabel);
      LLabel.Hint := OpenDialog1.FileName;
      LLabel.Caption := ExtractFileName(
         OpenDialog1.FileName);
   end;
end;
```

Hier rufen wir *OpenDialog1* auf, um eine Datei auszuwählen. Da wir diese Ereignisbehandlungsroutine allen Labeln zuweisen wollen, können wir jetzt nicht einfach mit *Label1* arbeiten, sondern müssen mit dem *Sender* arbeiten. Dieser *Sender* ist zwar eine Referenz auf das aufrufende Label, aber vom Typ *TObject* und hat somit weder die Eigenschaft *Hint* noch die Eigenschaft *Caption*.

Wir brauchen also erst mal eine Typenumwandlung. Das hört sich jetzt nach mehr Aufwand an, als es ist, denn eigentlich wird der Zeiger auf das Label dann einfach als Zeiger auf ein Label und nicht als Zeiger auf irgendeine Instanz verwendet. Das ist erst mal kein Code, den der Prozessor ausführen müsste, der arbeitet stur mit irgendwelchen 32-Bit-Werten und interessiert sich nicht dafür, was da drin steckt.

Allerdings fügt der Compiler da noch Code hinzu, der prüft, ob Sender tatsächlich ein Label ist – wir könnten diese Ereignis-behandlungsroutine ja auch an eine ganz andere Komponente hängen. Da jede Instanz eine Information mit sich herum-schleppt, von welchen Typ sie ist (in der Literatur finden Sie das unter *Runtime Type Information*), kann eben dieses geprüft werden, und sollte diese Prüfung zu einem negativen Ergebnis kommen, wird eine sogenannte Exception ausgelöst.

In die Eigenschaft *Hint* speichern wir dann den kompletten Dateinamen, also einschließlich Pfad, und als Beschriftung des Labels den Dateinamen ohne Pfad, den wir mit *ExtractFilename* erhalten.

Um diese *OnDblClick*-Ereignisbehandlungsroutine nun den an-deren Labels zuzuweisen, selektieren wir diese und gehen dann im Objektinspektor auf die Registerseite *Ereignisse*. Statt hier neben *OnDblClick* einen Doppelklick auszuführen und damit einen Prozedurrumpf anzulegen, öffnen wir die Nachschlage-liste und währen *Label1DblClick* aus. Dass der Methodennamen *Label1* als Bestandteil enthält, ist dabei völlig unschädlich, das lässt sich auch einer anderen Komponente zuweisen, es müsste noch nicht mal das Ereignis *OnDbClick* betreffen.

Zurück zu unserer Methode *TextSpeichern*: Hier haben wir nun unseren Text bis zu viermal durch die Methode *Stream-Verschluesseln* geschickt, es bleibt jetzt noch, das Ergebnis abzu-speichern. Dafür verwenden wir die Methode *SaveToFile*, der wir nur noch den Dateinamen übergeben müssen.

4.3 Die Verschlüsselungsroutinen

Betrachten wir nun die beiden Methoden *StreamVerschluesseln* und *CalcStartwert*.

```
function TForm1.CalcStartwert(AText: string):
    cardinal;
var
  i: integer;
  LResult: array[0..3] of byte absolute result;
  LByte: byte;
begin
  result := 0;
  for i := 0 to Length(AText) - 1 do
  begin
    LByte := Ord(AText[i + 1]) and $0F;
    if i mod 2 = 1 then
      LByte := LByte shl 4;
    LResult[(i div 2) mod 4]
      := LResult[(i div 2) mod 4] xor LByte;
  end;
end;
```

Die Methode *CalcStartwert* hat die Aufgabe, aus einem String einen Startwert zu generieren. Wie bereits dargelegt, sollte der Startwert aus dem Bereich bis zu 24 Bit sein, wenn wir pro Zeichen 4 Bit Startwert generieren können, dann brauchen wir mindestens 6 Zeichen.

Der Startwert soll eine vorzeichenlose 32-Bit-Zahl sein, also vom Typ *cardinal*, darauf wollen wir auch wie auf ein Array zugreifen, also machen wir wieder den Trick mit dem *absolute*.

Um zu reproduzierbaren Ergebnissen zu kommen, setzen wir erst mal result auf 0, damit haben auch alle vier Byte von *LResult* den Wert 0. Anschließend gehen wir durch alle Zeichen des übergebenen Textes. Bislang haben wir dafür eine Schleife von 1 bis zur Länge des Strings verwendet, jetzt gehen wir von 0 bis zu eins weniger als der Länge, die Schleifenvariable i ist also lediglich um eins nach unten verschoben.

100

Um auf ein Zeichen des Strings zuzugreifen, verwenden wir also *AText[i + 1]*, dafür werden die anderen Berechnungen etwas verständlicher.

```
LByte := Ord(AText[i + 1]) and $0F;
```

Wir greifen also auf das jeweilige Zeichen zu und ermitteln dessen ANSI-Wert mittels der Funktion *Ord* – das kennen wir ja bereits. Nun wollen wir von diesem 8-Bit-Wert nur die hinteren vier Bits verwenden, die anderen 4 Bits wollen wir auf 0 setzen. Dafür verwenden wir *and $0F*. *And* steht für eine logische *Und*-Operation, das Ergebnis ist nur dann 1, wenn beide Operanden gleich 1 sind. Die vorderen vier Bits unterziehen wir einer *Und*-Operation mit 0, da kommt also immer 0 dabei raus. Die hinteren vier unterziehen wir einer Und-Operation mit 1 (alle vier Bits auf 1 ergeben das hexadezimale Zeichen *F*), die bleiben also exakt so, wie sie sind.

Nehmen wir als Beispiel das Zeichen *a* und führen mit diesem eine And-Operation durch:

```
        0110 0001
and     0000 1111
=       0000 0001
```

Nun haben wir aus einem Zeichen einen 4-Bit-Wert generiert. Da wir jedoch 8-Bit-Werte brauchen, schieben wir jedes zweite Ergebnis um 4 Stellen nach links:

```
if i mod 2 = 1 then
  LByte := LByte shl 4;
```

Mit Hilfe der Modulo-Operation bewirken wir, dass nur bei jedem zweiten Zeichen verschoben wird. Mit dem Operator *shl* („shift left") schieben wir dann die Bits um vier Stellen nach links, aus den hinteren vier Bits werden somit die vorderen vier Bits.

Die nächste Anweisung sieht auch etwas wild aus:

```
LResult[(i div 2) mod 4]
    := LResult[(i div 2) mod 4] xor LByte;
```

Dabei steht nur folgendes dahinter:

```
LResult[ix] := LResult[ix] xor LByte;
```

Wir nehmen also eines der vier Byte von *LResult* und führen darauf eine *xor*-Operation durch. Dass die Anweisung etwas komplizierter daherkommt, liegt daran, wie wir diesen Array-Index berechnen. Wir wollen bei den ersten beiden Zeichen auf dem ersten Byte, auf den Zeichen drei und vier auf dem zweiten Byte arbeiten, und so weiter. Also halbieren wir einfach den Zeichen-Index:

```
ix := i div 2;
```

Nun könnte unser String jedoch länger als acht Zeichen lang sein, und in diesem Fall wollen wir einfach wieder von vorne beginnen. Eben dieses erreichen wir mit der Modulo-Operation. Der Divisionsrest einer Division durch vier nimmt durchlaufend Werte von 0 bis 3 ein, das ist exakt das, was wir hier brauchen.

```
procedure TForm1.StreamVerschluesseln(
    AStream: TMemoryStream; AFileName: string;
    AStartwert: integer);
var
  i: integer;
  LZeichen, LCrypt: byte;
  LCryptStream: TMemoryStream;
begin
  if FileExists(AFileName) then
  begin
    LCryptStream := TMemoryStream.Create;
    try
      LCryptStream.LoadFromFile(AFileName);
      for i := 0 to AStream.Size - 1 do
      begin
        Move((AStream.Memory + i)^, LZeichen, 1);
        Move((LCryptStream.Memory + (AStartwert
            + i) mod LCryptStream.Size)^,
            LCrypt, 1);
        LZeichen := LZeichen xor LCrypt;
        Move(LZeichen, (AStream.Memory + i)^, 1);
      end;
```

```
  finally
    LCryptStream.Free;
  end;
  end;
end;
```

Der Methode *StreamVerschluesseln* werden der Stream, der Dateiname und der Startwert übergeben. Wir prüfen erst mal, ob es die Datei überhaupt gibt, es könnte ja zum Beispiel Datei 4 nicht übergeben sein, da der Anwender das durch drei Dateien erreichte Sicherheitsniveau für ausreichend gehalten hat. Wir machen also nur etwas, wenn *FileExists* den Wert *true* zurückgibt.

Dann erzeugen wir wieder einen Memory-Stream und stellen mit einem Ressourcenschutzblock sicher, dass der damit reservierte Speicher auch wieder freigegeben wird, also dass die Methode *Free* aufgerufen wird. Nachdem der Memory-Stream erzeugt ist, laden wir mittels *LoadFromFile* die Datei, mit der wir verschlüsseln wollen.

Mit der Schleife gehen wir dann durch alle Zeichen des Streams, den wir verschlüsseln wollen. Wir wollen nun das Zeichen, das verschlüsselt werden soll, nach *LZeichen*, und das Zeichen, mit dem verschlüsselt werden soll, nach *LCrypt* laden.

```
Move((AStream.Memory + i)^, LZeichen, 1);
```

Mit der Prozedur *Move* wird einfach eine angegebene Anzahl von Zeichen von einer Speicherstelle an eine andere kopiert. Die Anzahl ist hier 1, und die Speicherstelle, wo es hin soll, ist *LZeichen*. Die Speicherstelle, wo es herkommt, ist die Speicheradresse, an welcher der Stream anfängt (*AStream.Memory*) zuzüglich der Index des gerade zu verarbeitenden Zeichens.

```
Move((LCryptStream.Memory
    + (AStartwert + i) mod LCryptStream.Size)^,
    LCrypt, 1);
```

Für das Zeichen *LCrypt* machen wir im Prinzip dasselbe, mit den beiden Unterschieden, dass wir *LCryptStream* nehmen, und dass wir die Stelle, an der wir lesen, noch um den Startwert nach hinten verschieben. Dabei kann es dann allerdings passieren, dass wir das Ende des Streams erreichen. In diesem Fall fangen wir wieder von vorne an – auch dafür setzen wir den Modulo-Operator ein.

Sobald wir beide Zeichen in den entsprechenden Variablen haben, führen wir die xor-Operation durch. Und anschließend kopieren wir *LZeichen* wieder in den Stream zurück:

```
Move(LZeichen, (AStream.Memory + i)^, 1);
```

4.4 Entschlüsseln

Und dann wollen wir die verschlüsselte Datei auch wieder einlesen. Für den Button *btnLoad* verwenden wir die folgende *OnClick*-Ereignisbehandlungsroutine:

```
procedure TForm1.btnLoadClick(Sender: TObject);
begin
  if OpenDialog1.Execute then
    Memo1.Lines.Text := TextOeffnen(OpenDialog1.FileName);
end;
```

Die Methode *TextOeffnen* agiert spiegelbildlich zu *TextSpeichern*:

```
function TForm1.TextOeffnen(
    AFilename: string): string;
var
  MemoryStream: TMemoryStream;
begin
  LMemoryStream := TMemoryStream.Create;
  try
    LMemoryStream.LoadFromFile(AFilename);
    StreamVerschluesseln(LMemoryStream,
      Label1.Hint, CalcStartwert(Edit1.Text));
    StreamVerschluesseln(LMemoryStream,
      Label2.Hint, CalcStartwert(Edit2.Text));
    StreamVerschluesseln(LMemoryStream,
      Label3.Hint, CalcStartwert(Edit3.Text));
```

```
    StreamVerschluesseln(LMemoryStream,
      Label4.Hint, CalcStartwert(Edit4.Text));
    LMemoryStream.Position := 0;
    SetLength(result, LMemoryStream.Size);
    LMemoryStream.ReadBuffer(Pointer(result)^,
      LMemoryStream.Size);
  finally
    LMemoryStream.Free;
  end;
end;
```

Auch hier erzeugen wir wieder einen Memory-Stream und stellen mittels eines Ressourcenschutzblockes sicher, dass *Free* aufgerufen wird. Mit *LoadFromFile* laden wir die verschlüsselte Datei in den Stream.

Den Block mit den *StreamVerschluesseln*-Anweisungen können wir so 1:1 aus *TextSpeichern* übernehmen, wir können auch exakt dieselbe Routine verwenden, weil eine nochmalige *xor*-Operation den Ursprungszustand wiederherstellt.

Nun bleibt, den Stream in das Funktionsergebnis zu kopieren. Dafür setzen wir den internen Zeiger erst mal wieder auf 0. Um mit *Move* vom Stream in den String kopieren zu können, muss der String lang genug sein. Im Moment ist es einer leerer String, und da einfach viele Zeichen direkt rein kopieren, ist keine gute Idee. Mit *SetLength* sorgen wir für ausreichend viel Speicherplatz.

Mit *ReadBuffer* lesen wir Zeichen aus dem Stream und schreiben sie an die entsprechende Speicherstelle, hier in den String. Und da wir den ganzen Stream dorthin schreiben wollen, geben wir als Länge *LMemoryStream.Size* an.

Nehmen Sie nun einfach mal einen Text, verschlüsseln und entschlüsseln ihn. Und zum Test sollten Sie beim Entschlüsseln auch mal eine Änderung an den Dateien und Startwerten vornehmen. Sie werden sehen, dass bereits ein leicht anderer Text bei nur einem der Startwerte statt einem Klartext einen ziemlichen Zeichensalat zurückliefert.

4.5 Die Schwachstellen

Wie sicher ist das nun? Wir haben ja im letzten Kapitel nachgerechnet, wie sicher das ist. Allerdings ist das ein theoretischer Wert. In der Praxis sind dann noch ein paar Dinge zu beachten:

- Es gibt Geräte, die heißen *KeyLogger*, die zeichnen alle Eingaben über die Tastatur auf. Die gibt es als Hardware, was dann einfach in die Leitung zwischen Tastatur und Rechner eingefügt wird, das gibt es auch als Software. Wenn aufgezeichnet wird, wie Sie Ihre Passwörter eingeben (also die Texte, aus denen dann die Startwerte ermittelt werden), dann ist es mit der Sicherheit dieses Verfahrens nicht weit her.

  Da mag es uns wenig trösten, dass das bei anderen Verfahren auch nicht besser ist: Ein Verschlüsselungsverfahren ist nur so gut, so gut das Passwort geheim gehalten werden kann.

  Letztlich sind wir hier sogar ein Stück besser: Mit einem KeyLogger kann man nur die Tastatureingaben aufzeichnen. Bei den meisten Verfahren reicht das völlig aus, um an das Passwort zu kommen. Bei uns hätte man dann zwar die Startwerte, nicht jedoch die verwendeten Dateien. Um diese auch noch zu kennen, müsste entweder auch noch der Bildschirminhalt aufgezeichnet werden, oder man geht mittels Brute-Force-Angriff an die Sache ran, das dauert dann auch nicht mehr so schrecklich lange.

- Rechner geben elektromagnetische Strahlung ab, die aus der Nähe heraus aufgezeichnet werden kann. Dass man tunlichst keine Funktastatur verwendet, sollte sich von selbst verstehen. Allerdings lassen sich auch Bildschirminhalte auslesen. Damit könnte man beobachten, welche Dateien gewählt werden, und dann auch noch, welche Passwörter eingegeben werden.

  Zumindest das zweite lässt sich ändern: Setzen Sie bei allen vier Eingabefeldern die Eigenschaft PasswordChar auf *, das Ergebnis sieht dann aus wie in Bild 4.3:

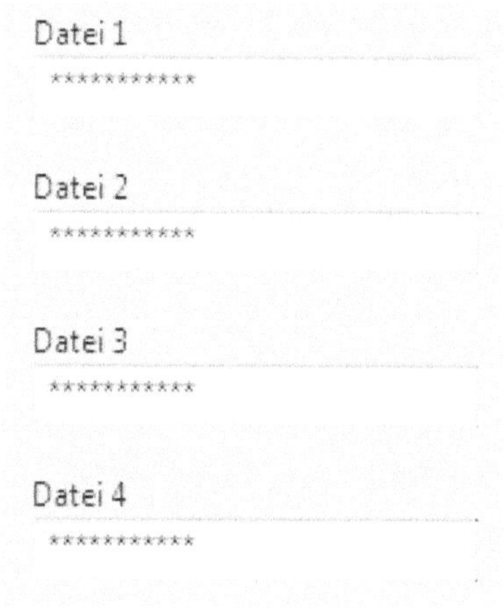

Datei 1

****

Datei 2

****

Datei 3

****

Datei 4

****

Bild 4.3: Auswirkung der Eigenschaft PasswordChar

Allerdings: Gegen einen KeyLogger hilft so etwas nicht.

Für die Sicherheit des Verfahrens ist auch wichtig, dass der Schlüssel nur ein einziges Mal verwendet wird. Sobald er mehrmals verwendet wird, ergeben sich Angriffspunkte.

Dass der Schlüssel nur einmal verwendet wird, heißt zum Beispiel bei einem Tagebuch, dass Sie nur hinzufügen, aber früher Geschriebenes nicht mehr redigieren sollten. Ok, wenn Sie irgendwo mal einen Rechtschreibfehler verbessern, dann wird nicht gleich alles lesbar. Wenn jedoch damit gerechnet werden muss, dass ein Angreifer laufend die verschlüsselten Versionen abschöpft, dann sollte man an dieser Stelle vorsichtig sein.

Dasselbe gilt für Passwortlisten. Hier empfehle ich, vor jeden Informationsblock – meist bestehend aus URL (Adresse der Webseite), Benutzername und Passwort – ein Zeichen einzufügen, das kennzeichnet, ob der jeweilige Block noch gültig ist. Dafür sollte auch nicht stets dasselbe Zeichen verwendet werden, sondern z.B. G, J, Y, g, j, y, 1 für gültige Blöcke und U, N, A, u, n, a, 0 für ungültige bzw. veraltete Blöcke.

Wird nun irgendwo das Passwort geändert, kennzeichnet man den ursprünglichen Block als veraltet und fügt die neuen Infos unten ein. Werden die verschlüsselten Dateien laufend abgefischt, dann kann ein Angreifer durch Vergleich der alten und der neuen Version zwar sehen, dass sich etwas verändert hat, mutmaßlich ein Passwort, aber da alle anderen Stellen gleich bleiben, ergeben sich keine Rückschlüsse auf deren Inhalt.

Der langen Rede kurzer Sinn: Dieses Verfahren hat Grenzen. Auf einem totalüberwachten Rechner bietet es – wie quasi jedes andere Verfahren – wenig Sicherheit.

4.5.1 Backups

Es gibt auch noch eine andere Schwachstelle: Ein Angreifer, der in den Besitz der Rechners kommt, und sei es auch nur vorübergehend, könnte dadurch die Entschlüsselung verunmöglichen, dass er alle komprimierten Dateien umcodiert. Dazu bräuchte er ein Programm, das einfach alle Musikdateien in eine andere Bitrate, alle Bilder in eine andere Auflösung codiert, und so weiter. Die verschlüsselte Datei wäre dann noch da, die Musik- und Bilddateien wären dann noch da, hören sich immer noch gleich an und sehen immer noch gleich aus, allerdings hätten Sie keine Chance mehr, Ihre Dateien zu entschlüsseln.

Von daher brauchen Sie nicht nur ein Backup der verschlüsselten Datei, sondern auch Ihres ganzen Musikverzeichnisses, ihrer ganzen Bilddatenbank, und so weiter. Die verschlüsselte Datei zusammen mit den nur vier zur Entschlüsselung nötigen Dateien zu speichern, ist keine übermäßig gute Idee (allerdings auch nicht so wirklich desaströs, da durch die Passwörter immer noch eine erhebliche Sicherheit besteht, siehe auch 4.6).

4.5.2 Programmfehler

Eine weitere potentielle Schwachstelle besteht darin, dass der Code womöglich nicht korrekt umgesetzt wurde. Wenn der Verschlüsselungscode korrekt umgesetzt wurde, dann sieht die Zeichenverteilung eines verschlüsselten Textes in etwa so aus wie in Bild 4.4:

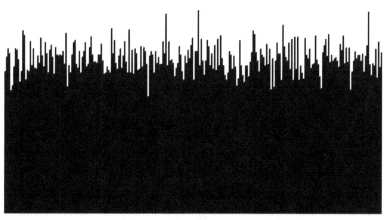

Bild 4.4: korrekt umgesetzte Verschlüsselung

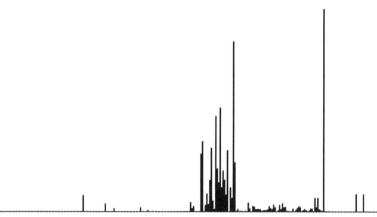

Bild 4.5: nicht korrekt umgesetzte Verschlüsselung

Nun machen wir mal vorübergehend (und bitte wirklich nur vorübergehend) einen Fehler und entfernen in der Verschlüsselungs-
routine bei der Ermittlung von *LCrypt* das + *i*. Die Anweisung
lautet dann:

```
Move((LCryptStream.Memory
  + AStartwert mod LCryptStream.Size)^, LCrypt, 1);
```

Das hat zur Folge, dass der gesamte Text immer mit demselben
Zeichen verschlüsselt wird. Bild 4.5 zeigt, wie dann die Zeichenverteilung aussieht, und auf den ersten Blick sieht sie aus wie in
Bild 3.4, allerdings gespiegelt. (Wenn man genauer hinschaut,
sieht man dann noch ein paar Abweichungen).

Wenn Sie das selbst machen, dann kann das Ergebnis ganz an-
ders aussehen, denn je nachdem, welche Dateien und welchen
Startwert Sie verwenden, gibt es vielleicht ein ganz anderes
Zeichen, mit dem die *xor*-Opertion ausgeführt wird.

Deshalb sollten Sie nicht nur den Code gründlich kontrollieren,
sondern dann mit dem Zeichenverteilungstool das Ergebnis auch
noch mal gegenprüfen.

4.6 Bequemlichkeit

Wenn Sie mit dieser Software in der Praxis arbeiten, dann werden
Sie feststellen, dass das dauernde Auswählen von Dateien auf
die Dauer doch ziemlich unbequem ist.

Von daher möchte ich hier noch eine Variante vorstellen: Wir
speichern die ausgewählten Dateien in einer sogenannten Ini-
Datei, so dass sie bei jedem Programmstart gleich richtig eingestellt sind, und verwenden nur noch die vier Schlüssel. Wir haben pro Schlüssel mit praxiswirksamen $2 \cdot 10^6$ Möglichkeiten
gerechnet, bei der Kombination von vier Schlüsseln hätten wir
dann $1,6 \cdot 10^{25}$ Möglichkeiten – wie in Kapitel 3 dargelegt, sollte
das reichen. Wer ein höheres Sicherheitsniveau anstrebt, könnte

auch noch mal die Zahl der Dateien und Startwerte auf fünf oder
sechs erhöhen, die nötige Ergänzung des Programms wäre ja
recht simpel.

Eine solche Vorgehensweise würde auch die Möglichkeit eröff-
nen, Sicherheit und Bequemlichkeit der jeweiligen Situation
anzupassen: Zuhause zum Beispiel nur mit den Passwörtern,
und wenn man mit dem Rechner auf Reisen geht, wählt man
vorübergehend zumindest einen Teil der Dateien anders aus.

Um überhaupt Ini-Dateien einsetzen zu können, müssen wir die
Unit IniFiles in der uses-Klausel unseres Programms ergänzen:

```
uses
   Classes, SysUtils, FileUtil, Forms, Controls,
   Graphics, Dialogs, ExtCtrls, StdCtrls, IniFiles;
```

Dann ergänzen wir die Typ-Definition von TForm1 im private-
Teil um ein entsprechendes Feld (*FIni*):

```
TForm1 = class(TForm)
   ...
private
   FIni: TMemIniFiles;
   function CalcStartwert(AText: string): cardinal;
   procedure TextSpeichern(AText,
      AFilename: string);
   function TextOeffnen(AFilename: string): string;
   procedure StreamVerschluesseln(
      AStream: TMemoryStream; AFileName: string;
      AStartwert: integer);
public
   { public declarations }
end;
```

Nun brauchen wir zwei Ereignisbehandlungsroutinen des Formulars, und zwar für die Ereigisse *OnCreate* und *OnDestroy*. Dass
Sie Ereignisbehandlungsroutinen durch Doppelklick im Objekt-
Inspektor anlegen, ist Ihnen ja bereits bekannt. Eine gewisse
Schwierigkeit könnte sich daraus ergeben, dass auf dem Formular
nun Komponenten liegen und Sie das Formular nicht so ganz
einfach selektieren können.

Da gibt es nun zwei Möglichkeiten: Sie können irgendeine Komponente anklicken und so lange wiederholt die Esc-Taste betätigen, bis das Formular selektiert ist. Sie können aber auch die Baumansicht über dem Objektinspektor verwenden, dort finden Sie das Formular als obersten Eintrag.

Schauen wir uns erst das Abspeichern der vier Dateinamen an, das beim Beenden des Programms erfolgen soll, also im *OnDestroy*-Ereignis.

```
procedure TForm1.FormDestroy(Sender: TObject);
begin
  FIni.WriteString(Label1.Name, 'Hint', Label1.Hint);
  FIni.WriteString(Label2.Name, 'Hint', Label2.Hint);
  FIni.WriteString(Label3.Name, 'Hint', Label3.Hint);
  FIni.WriteString(Label4.Name, 'Hint', Label4.Hint);
  FIni.UpdateFile;
  FIni.Free;
end;
```

Eine Instanz von *TMemIniFile* haben wir dann bereits in der *OnCreate*-Ereignisbehandlungsroutine erzeugt, wir können *FIni* also direkt verwenden. Ini-Files haben eine Hierarchie in zwei Stufen, jede Information ist über *Section* und *Ident* eindeutig identifizierbar. Als *Section* verwenden wir hier den Namen des Labels, als *Ident* die Konstante *Hint*. Umgekehrt würde das auch funktionieren, es muss nur beim Lesen und beim Schreiben einheitlich gemacht werden. Als letzten Parameter übergeben wir den zu schreibenden Wert, also den Dateinamen, und der steht immer noch in der Eigenschaft *Hint*.

Mit *UpdateFile* werden die Daten in die Ini-Datei geschrieben, danach kann die Instanz mit *Free* freigegeben werden.

Beim Start des Programms, also in der Ereigisbehandlungs-routine *OnCreate,* werden die Daten aus der Ini-Datei wieder eingelesen.

```
procedure TForm1.FormCreate(Sender: TObject);
var
  fn: string;
```

```
procedure lokRead(ALabel: TLabel);
var
s: string;
begin
  s := FIni.ReadString(ALabel.Name, 'Hint', '');
  if s <> '' then
  begin
    ALabel.Hint := s;
    ALabel.Caption := ExtractFileName(s);
  end;
end;

begin
  fn := ChangeFileExt(Application.ExeName, 'ini'));
  FIni := TMemIniFile.Create(fn);
  lokRead(Label1);
  lokRead(Label2);
  lokRead(Label3);
  lokRead(Label4);
end;
```

Zunächst erzeugen wir eine Instanz von *TMemIniFile*, und damit wir dies können, brauchen wir einen Dateinamen. Es hat eine gewisse Tradition, dass Ini-Files den selben Dateinamen haben wir das ausführbare Programm, allerdings hinten mit *.ini* statt mit *.exe*. Den Dateinamen (inklusive Pfad) des Programms erhalten wir mit *Application.ExeName*, mit *ChangeFileExt* können wir die Dateiendung austauschen.

Das Lesen der Daten ist ein klein wenig mehr Aufwand. Da wir diesem viermal haben, wollen wir das in eine lokale Prozedur namens *lokRead* auslagern, der wir dann lediglich eine Referenz auf das Label übergeben.

In *lokRead* lesen wir zunächst mal den Dateinamen in die Variable *s*, damit wir nicht jedes mal den sperrigen Lesevorgang im Code haben. Der Methode *ReadString* werden wieder *Section* und *Ident* übergeben, und dann noch einen Default-Wert für den Fall, dass eine solche Information noch gar nicht in der Ini-Datei steht. Für den Default-Wert verwenden wir einen leeren String.

113

Im nächsten prüfen wir, ob dieser String überhaupt einen Text enthält. Gerade beim ersten Aufruf nach dem Einbau dieser Routine enthält er noch keinen, und wenn wir das dann zur Caption des Labels machen, dann enthält die keinen Text mehr, worauf ein Doppelklick ausgeführt werden kann; somit kann dann auch keine Datei mehr ausgewählt werden.

Wenn wir einen String und damit einen Dateinamen haben, dann schreiben wir den mit Pfad wieder in die Eigenschaft *Hint* und ohne Pfad in die Eigenschaft *Caption*.

Daten verstecken 5

Wir werden uns in diesem Kapitel mit Steganographie befassen, also mit dem Verstecken von Daten. Verschlüsselte Nachrichten haben den Nachteil, dass Außenstehende erkennen können, dass Daten geheim ausgetauscht werden, sie kennen lediglich nicht den Inhalt.

Mit Hilfe der Steganographie ist es möglich, dass Außenstehende noch nicht einmal mitbekommen, dass geheim Daten ausgetauscht werden. Im Idealfall vermeidet man jegliche direkte Kommunikation: Der Sender stellt eine Datei (beispielsweise eine Bilddatei) ins Netz, verbreitet die URL (also die Web-Adresse) dieser Datei über Facebook, Twitter, Internetforen. Viele Menschen laden diese Datei herunter, aber nur einer weiß (oder nur wenige wissen), dass sich darin eine Nachricht befindet und wie man diese entschlüsselt.

An dieser Stelle gleich ein Warnhinweis: Dateien, die sich für das Verstecken von Nachrichten eignen, sind z.B. Bild-, Musik- und Video-Dateien. Diese werden im Netz jedoch fast immer stark komprimiert veröffentlicht, und damit ist es recht schwierig, dort Nachrichten zu verstecken – zumindest für Programmier-Anfänger, und an die richtet sich dieses Buch. Wir werden also ein einfaches Bildformat verwenden (konkret: Bitmap), und die Versendung von Dateien in diesem Format erregt dann schon einen gewissen Verdacht.

Weniger verdächtig ist das bei Dateien, die auf dem eigenen PC verbleiben sollen, da bei den heutigen Plattenpreisen Speicherplatz nun quasi gar nichts mehr kostet. So habe ich dutzende von größeren Bitmaps auf meinem Rechner, ohne dass da irgendeine Information versteckt ist.

5.1 Ein einfaches Versteck-Programm

Wir beginnen mit einem einfachen Programm, um erst mal das Verfahren kennen zu lernen. Dazu beginnen wir ein neues Projekt und platzieren auf dem Formular erst mal ein paar Komponenten:

Bild 5.1: Das Formular

Buttons, Memo und die Datei-Dialoge kennen wir ja schon. Unter den Datei-Dialogen liegt eine *TImage*-Komponente, die auf der Palettenseite *Additional* zu finden ist.

Das erste, was wir brauchen, sind passende Bitmap-Dateien. Dafür können Sie zum Beispiel ein Foto einscannen. Digitale Kameras liefern auch Bilder, die sind aber selten im Bitmap-Format. Darum gibt es hier die Möglichkeit, Bilder in komprimierten Formaten wie z.B. JPEG zu importieren:

```
procedure TForm1.btnImportClick(Sender: TObject);
var
   LBitmap2: TBitmap;
   LPicture: TPicture;
begin
   if OpenPictureDialog1.Execute then
   begin
```

```
LPicture := TPicture.Create;
try
  LPicture.LoadFromFile(
      OpenPictureDialog1.FileName);
  LBitmap2 := TBitmap.Create;
  try
    LBitmap2.PixelFormat := pf24bit;
    LBitmap2.SetSize(LPicture.Width,
       LPicture.Height);
    LBitmap2.Canvas.Draw(0, 0,
       LPicture.Graphic);
    Image1.Picture.Assign(LBitmap2);
  finally
    LBitmap2.Free;
  end;
finally
  LPicture.Free;
end;
end;
end;
```

Zunächst mögen Sie sich über den Namen des Buttons *btnImport* wundern. Bislang haben wir die Bezeichner der Komponenten so belassen, wie Lazarus sie benannt hat. Das wird bei größeren Projekten aber zunehmend ungünstig, da man sich dann merken muss, wofür welche Komponente zuständig ist. Deshalb sollte man bei größeren Projekten damit beginnen, sogenannte *sprechende Bezeichner* zu verwenden. Das *btn* in *btnImport* ist eine Abkürzung für Button, und *Import* ist die Funktion, welche der Button anstößt.

Zunächst wird *OpenPictureDialog1* ausgeführt. Bei dieser Komponente handelt es sich um eine Abwandlung von *TOpenDialog*, bei dem die Eigenschaft *Filter* schon auf alle importierbaren Dateiformate gesetzt ist, und der eine Bildvorschau beinhaltet.

Wir erzeugen dann eine Instanz von *TPicture*, das ist eine Klasse, die für den Umgang mit Bilddaten geeignet ist. Da wir etwas erzeugen, stellen wir mit einem Ressourcenschutzblock sicher, dass wir das auch wieder freigeben.

Mit der Methode *LoadFromFile* laden wir die mit *OpenPicture-Dialog1* geöffnete Datei. Diese wollen wir in ein Bitmap wandeln, genauer genommen in eines kopieren. Dazu erzeugen wir eine Instanz von *TBitmap*, auch hier wieder ein Ressourcenschutzblock, damit das gesichert wieder freigegeben wird.

Das neu erzeugte Bitmap ist nun leer, wir legen erst mal ein Pixelformat fest, *pf24bit* ist ein 24-Bit-RGB-Format und ohne Alpha-Kanal, also ohne Transparenz. Für jede der drei Grundfarben Rot, Grün und Blau stehen somit 8 Bit zur Verfügung, damit lassen sich theoretisch 16 777 216 unterschiedliche Farben darstellen. Danach setzen wir mit *SetSize* auch noch die Größe, diese soll exakt dieselbe wie bei der geladenen Bild-Datei sein.

Mit der *TCanvas*-Methode Draw zeichnen wir nun das geöffnete Bild auf das Bitmap, und zwar in die linke obere Ecke, diese hat die Koordinaten 0, 0. Das Bitmap weisen wir dann der Eigenschaft *Picture* von *Image1* zu, die darauf das Bild anzeigt.

Sollte das Bild größer als *Image1* sein, so wird nur der linke obere Ausschnitt dargestellt. Das wäre für unseren eigentlichen Zweck zwar unproblematisch, aber vielleicht doch ein wenig unschön. Ändern lässt sich das, indem die Eigenschaften *Stretch* und *Proportional* auf *true* gesetzt werden,

5.1.1 Wie versteckt man Daten?

In diesem Bild wollen wir nun Daten verstecken. Wie eigentlich?

Wie vorhin erwähnt, steht für jede der drei Grundfarben 8 Bit zur Verfügung, damit lassen sich Werte zwischen 0 und 256 darstellen. Nehmen wir mal an, bei einem bestimmten Pixel hätte die Farbe Rot den Wert 127. Hätte sie nun statt dessen den Wert 128, dann sähe das Bild quasi identisch aus.

Es gibt Bilder, bei denen auch das weniger geübte Auge sieht, ob 8 Bit pro Farbe zur Verfügung stehen oder nur 7 Bit. Bei vielen

Bildern sieht man da keinen Unterschied. Das heißt, wir können das letzte Bit verwenden, um da eine andere Information zu speichern. Gerade dann, wenn die Bilder leicht verrauscht sind, dann ist das letzte Bit ohnehin mehr ein zufälliger Wert. Es sind jedoch nicht alle Bilder verrauscht. Gerade dann, wenn es sich nicht um Fotos handelt, oder wenn die Fotos nachbearbeitet sind, lässt sich häufig – mit einem geschulte Auge oder mit technischen Hilfsmitteln – erkennen, ob da 8 Bit zur Verfügung stehen oder nur 7 Bit.

Um nun untersuchen zu können, ob sich das Bild eignet, in dem die Daten versteckt werden sollen, wollen wir uns erst mal ein kleines Tool bauen, welches das letzte Bit der Grundfarbe Rot extrahiert. Damit kann man dann schnell sehen, ob hier bereits alles verrauscht ist, oder ob man da die Bildstrukturen erkennen kann.

5.1.2 Das Bitmap untersuchen

Der Button, mit dem wir die Untersuchung starten, heißt *btnUntersuchen*. Wir erstellen hier ein Bitmap, das nur das letzte Bit der Grundfarbe Rot anzeigt, das aber in den Farben Schwarz und Weiß.

```
procedure TForm1.btnUntersuchenClick(
  Sender: TObject);
var
  LBitmap: TBitmap;
  Lx, Ly: integer;
  LFarbe: TColor;
begin
  LBitmap := TBitmap.Create;
  try
    LBitmap.Width := Image1.Picture.Width;
    LBitmap.Height := Image1.Picture.Height;
    for Ly := 0 to LBitmap.Height - 1 do
    begin
      for Lx := 0 to LBitmap.Width - 1 do
```

```
    begin
      LFarbe := Image1.Picture.Bitmap.
          Canvas.Pixels[Lx, Ly];
      LFarbe := LFarbe and $01;
      if LFarbe = $01 then
        LBitmap.Canvas.Pixels[Lx, Ly] := clWhite
      else
        LBitmap.Canvas.Pixels[Lx, Ly] := clBlack;
      end;
    end;
      Image1.Picture.Assign(LBitmap);
  finally
    LBitmap.Free;
  end;
end;
```

Wir erzeugen ein Bitmap, und stellen mittels einer *try..finally..end*-Konstruktion sicher, dass es auch wieder freigegeben wird. Dieses Bitmap soll dieselben Abmessungen erhalten wir das zu untersuchende Bild. Mit zwei ineinander geschachtelten Schleifen gehen wir durch das komplette Bild, wir wollen ja schließlich das gesamte Bild untersuchen.

Von jedem Pixel des zu untersuchenden Bildes ermitteln wir erst mal die Farbe und sorgen mittels *and $01* dafür, dass nur das letzte Bit übrig bleibt. Hat dieses dann den Wert eins, dann setzen wir in unser Bitmap einen weißen Punkt, ansonsten wird es ein schwarzer Punkt.

Schauen wir uns zunächst einmal eine unbrauchbare Datei an:

Bild 5.2: unbrauchbare Datei, rechts mit verstecktem Text

Wir haben hier kein Foto, sondern ein Logo (diese Firma ist auf Schallpegelmessungen spezialisiert, aber das ist hier unerheblich). Links sehen wir das Untersuchungsergebnis, das Motiv ist klar erkennbar, allerdings ist es durch JPEG-Artefakte an den Kanten massiv verrauscht.

Rechts im Bild haben wir das Untersuchungsergebnis des selben Bildes, allerdings habe ich da vorher den Quelltext des hier verwendeten Programms versteckt. Wie Sie leicht erkennen, ist er gar nicht sooo versteckt, wenn man ein passendes Tool zu Hand hat.

Das selbe passiert bei Fotos, die stark nachbearbeitet sind, auch wenn es dann nicht mehr ganz so auffällig ist:

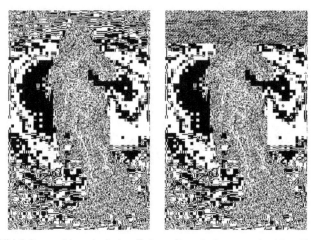

Bild 5.3: nachbearbeitetes Foto, mit und ohne versteckten Text

Auch hier erkennt man noch halbwegs die Konturen, und wenn man sich das rechte Bild ansieht, dann kommt einem recht schnell der Verdacht, dass im oberen Sechstel Daten enthalten sein könnten.

Zuletzt wollen wir uns noch ein Foto anschauen, das nicht nachbearbeitet ist. Hier sind nun keine Konturen mehr zu erkennen, von daher eignet sich dieses Bild gut dafür, darin Daten zu verstecken:

Bild 5.4: geeignetes Bild

5.1.3 Daten   verstecken

Als nächstes schauen wir uns die Routine an, mit der wir Text verstecken, den Button dafür benennen wir in *btnTextVerstecken* um:

```
procedure TForm1.btnTextVersteckenClick(
  Sender: TObject);
var
  i, j, LBit, Lx, Ly: integer;
  s: string;
  LWert: byte;
  LFarbe: TColor;
begin
  s := Memo1.Lines.Text;
  for i := 1 to Length(s) + 1 do
  begin
    LWert := Ord(s[i]);
    for j := 0 to 7 do
    begin
      LBit := ((LWert shr j) and $01);
      Lx := (i * 8 + j) mod
        Image1.Picture.Width;
      Ly := (i * 8 + j) div
        Image1.Picture.Width;
      LFarbe := Image1.Picture.Bitmap.
        Canvas.Pixels[Lx, Ly];
      LFarbe := (LFarbe and $FFFFFE) or LBit;
      Image1.Picture.Bitmap.Canvas.
        Pixels[Lx, Ly] := LFarbe;
    end;
  end;
end;
```

Zunächst übertragen wir den Text des Memos in den String s und gehen dann mit einer Schleife über alle Zeichen des Strings. Wenn Sie gut aufpassen, dann werden Sie feststellen, dass hier *Length(s) + 1* statt *Length(s)* formuliert ist. Dies dient dazu, dass wir später beim ermitteln des Strings wissen, wo dieser zu ende ist. Dazu könnten wir auch eine Längenangabe mitspeichern, hier gehen wir jedoch einen anderen Weg: Damit Pascal-Strings mit sogenannten nullterminierten Strings kompatibel sind, wird als Zeichen nach dem eigentlichen Text ein $00 gespeichert, was vorher nicht vorkommen darf. Und dieses wollen wir jetzt mit verstecken und daran das Ende des Strings erkennen.

```
LWert := Ord(s[i]);
for j := 0 to 7 do
begin
  LBit := ((LWert shr j) and $01);
  ...
end;
```

Wir wollen ein Zeichen nach dem anderen bitweise verstecken und ermitteln dafür die einzelnen Bits. Zunächst wandeln wir mittels *Ord* das Zeichen in ein Byte um, dann durchlaufen wir eine Schleife von 0 bis 7 und schieben dieses Byte immer um so viel Stellen nach rechts, so dass damit alle acht Bits mal auf der letzten Stelle stehen. Durch eine *and*-Operation mit $01 isolieren wir dieses letzte Bit und haben dadurch in LBit entweder 0 oder 1 stehen.

Dieses Zeichen wollen wir nun im Pixel $i * 8 + j$ verstecken. Nun sind unsere Pixel zweidimensional angeordnet, so dass wir deren Koordinaten ermitteln, indem wir den Pixel-Index durch die Breite des Bildes teilen. Aus dem Divisionsergebnis machen wir die Y-Koordinate, aus dem Divisionsrest die X-Koordinate.

Von diesem Pixel ermitteln wir dann die Farbe. Mit diesem Wert führen wir eine *and*-Operation mit dem Wert $FFFFFE durch, das ist ein Wert, bei dem das letzte Bit auf 0 und die 23 Bits davor auf 1 gesetzt sind. Nach dieser and-Opertion ist nun das letzte Bit auf 0 und alle anderen Bits so, wie sie davor schon waren. In das letzte Bit können wir nun mit einer *or*-Operation unser Bit schreiben. Anschließend speichern wir die so modifizierte Farbe in das Bild zurück.

Nun müssen wir das Bild nur noch abspeichern:

```
procedure TForm1.btnPicSaveClick(Sender: TObject);
var
  fn: string;
begin
  if SaveDialog1.Execute then
  begin
    fn := SaveDialog1.FileName;
```

```
if FileExists(fn) then
begin
  if MessageDlg('Datei "' + fn
    + '" existiert bereits. Überschreiben',
    mtConfirmation, [mbYes, mbNo], 0)
    = mrYes then
    Image1.Picture.SaveToFile(fn);
  end
  else
    Image1.Picture.SaveToFile(fn);
  end;
end;
```

Das kennen wir eigentlich auch schon: Wir schauen, ob es die Datei bereits gibt, wenn ja, fragen wir vor dem Überschreiben noch mal nach.

5.1.4 Daten ermitteln

Nun sollten wir uns noch die Möglichkeit schaffen, aus dem Bild die Daten wieder zu ermitteln. Dazu brauchen wir erst mal die Möglichkeit, das Bild hier zu laden:

```
procedure TForm1.btnPicLoadClick(Sender: TObject);
begin
  if OpenDialog1.Execute then
    Image1.Picture.LoadFromFile(OpenDialog1.FileName);
end;
```

Aus dem geladenen Bild wollen wir nun den versteckten Text extrahieren:

```
procedure TForm1.btnTextErmittelnClick(
  Sender: TObject);
var
  i, j, LBit: integer;
  s: string;
  LWert: byte;
  LFarbe: TColor;
```

```
  Lx, Ly: integer;
begin
  LWert := 1;
  i := 1;
  while LWert > 0 do
  begin
    LBit := 0;
    for j := 0 to 7 do
    begin
      Lx := (i * 8 + j) mod Image1.Picture.Width;
      Ly := (i * 8 + j) div Image1.Picture.Width;
      LFarbe := Image1.Picture.Bitmap.Canvas.
        Pixels[Lx, Ly];
      LBit := LBit + ((LFarbe and $01) shl j);
    end;
    inc(i);
    LWert := LBit and $FF;
    s := s + Chr(LWert);
  end;
  Memo1.Lines.Text := s;
end;
```

Im Prinzip ist das hier alles ganz einfach: Wir gehen durch das Bild, sammeln die Bits ein, fügen diese zu Bytes zusammen, die wir dann in Buchstaben wandeln.

Es stellen sich ein paar Fragen im Detail, zum Beispiel: Wann hören wir mit diesem Vorgang auf? Wenn Sie vorhin gut aufgepasst haben, dann werden Sie sich noch daran erinnern, dass wir das abschließende $00-Zeichen (Informatiker würden formulieren: *die terminierende Null*) mit in das Bild gespeichert haben. Solange der ermittelte 8-Bit-Wert *LWert* größer Null ist, machen wir also weiter, das ist die Bedingung der verwendeten *while*-Schleife. Damit *LWert* nicht zufällig vor der Schleife auf 0 steht, setzen wir es auf einen anderen Wert, hier 1.

In der inneren Schleife gehen wir mit der Schleifenvariablen *j* von 0 bis 7, greifen auf das Pixel *8 * i + j* zu, das mit *div* und *mod* durch die Bildbreite kennen wir bereits, und nun können wir die Farbe des Pixels ermitteln.

126

Im letzten Bit der Farbe steht der für uns interessante Wert.

Mit *and $01* isolieren wir dieses Bit. Dieses Bit schieben wir mit *shl*, also einer Bitschiebe-Operation, nach links und fügen es der Variable *LBit* hinzu.

Nach der inneren Schleife haben wir wieder ein Byte beisammen, sicherheitshalber beschränken wir das mit *and $ff* auf den Wertebereich bis 255. Mit der Funktion *chr* wandeln wir es in ein Zeichen und fügen es der Variable *s* hinzu. Zudem müssen wir manuell *i* erhöhen, ansonsten erzeugen wir eine Endlosschleife. Statt *i := i + 1* verwenden wir hier die Routine *inc*.

Sobald die terminierende Null auftritt, beenden wir auch die äußere Schleife und schreiben den Text in das Memo.

5.1.5 Schwäche dieses Verfahrens

Mit diesem Programm haben wir nun in Grundzügen gelernt, wie Daten versteckt werden. Für den praktischen Einsatz ist das eher ungeeignet, insbesondere deswegen, weil die Daten völlig unverschlüsselt im Bild stehen. Jeder könnte mal auf Verdacht nachschauen, ob in den letzten Bits der Farbkanäle rot, grün und blau irgendwelche Texte stehen. Diese Schwäche wollen wir mit dem nächsten Programm beseitigen.

5.2 Verstecken und Verschlüsseln

Die eben angesprochene Schwachstelle wollen wir nun beseitigen und unseren Text nicht nur verstecken, sondern auch verschlüsseln. Dazu legen wir zunächst mal ein neues Projekt an.

Die Eigenschaft *BorderWidth* setzen wir auf 8, dann setzen wir eine *TPageControl*-Komponente (Palettenseite *Common Controls*) drauf, deren Eigenschaft *Align* auf *alClient* gesetzt wird.

127

Aus dem Kontext-Menü (rechte Maustaste) des PageControls rufen wir vier mal den Menüpunkt *Seite hinzufügen* auf und legen damit vier Registerseiten an, die wir mit *Text1*, *Text2*, *Text3* und *Bild* beschriften.

Bild 5.5: Die Registerseite für den Text

Wir haben in einem Bitmap drei Farbkanäle (rot, grün und blau), in deren letztem Bit wir jeweils einen Text verstecken können (oder es auch sein lassen können – ein Angreifer kann sich so auch nicht sicher sein, welche Farbkanäle genutzt werden und welche nicht).

Die drei Registerseiten für den Text füllen wir in derselben Weise mit Komponenten, wie das in Kapitel 4 bereits gemacht wurde, allerdings mit dem Unterschied, dass die Buttons hier entfallen.

Des weiteren sollten wir bei der Benennung der Komponenten hier mit aufnehmen, auf welchen der drei Texte sie sich beziehen. Die Memos können wir bei *Memo1*, *Memo2* und *Memo3* belassen, die Labels nennen wir *label_1_1* (erster Text erstes Label) bis *label_3_4* (dritter Text viertes Label), die Textfelder *edt_1_1* bis *edt_3_4*.

Die Registerseite *Bild* füllen wir wie folgt:

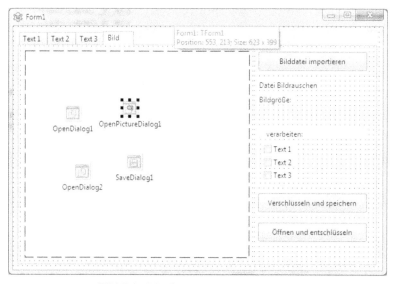

Bild 5.6: Die Registerseite für das Bild

Die große Komponente auf der linken Seite ist ein *TImage*, für die Optionen *Text 1*, *Text 2* und *Text 3* verwenden wir eine *TCheckGroup* auf der Palettenseite Standard. Die drei Optionen werden als drei Zeilen in der Eigenschaft *Items* angelegt.

5.2.1 Das Bild vorbereiten

Im letzten Kapitel haben wir uns angeschaut, ob ein Bild im letzten Bit verrauscht genug ist, damit wir dort unauffällig Texte verstecken können. Wenn wir nun alle drei Farbkanäle nutzen, dann reicht das nicht mehr aus: Mit hoher Wahrscheinlichkeit wurde ein Photo im Laufe seiner Entstehungs- und Bearbeitungskette mal komprimiert, und damit haben wir hohe Korrelationen zwischen den einzelnen Farben (Farbwerte werden mit geringerer Auflösung gespeichert als Helligkeitswerte).

Von daher gehen wir den anderen Wert und verrauschen gezielt das letzte Bit in allen drei Farbkanälen:

```
procedure TForm1.btnImportClick(Sender: TObject);
var
   LBitmap2: TBitmap;
   LPicture: TPicture;
begin
  if OpenPictureDialog1.Execute then
  begin
    LPicture := TPicture.Create;
    try
      LPicture.LoadFromFile(
           OpenPictureDialog1.FileName);
      LBitmap2 := TBitmap.Create;
      try
        LBitmap2.PixelFormat := pf24bit;
        LBitmap2.SetSize(LPicture.Width,
           LPicture.Height);
        LBitmap2.Canvas.Draw(0, 0,
           LPicture.Graphic);
        BildVerrauschen(LBitmap2);
        Image1.Picture.Assign(LBitmap2);
        lblBildgroesse.Caption := 'Bildgröße '
           + IntToStr(LBitmap2.Width *
              LBitmap2.Height);
      finally
        LBitmap2.Free;
      end;
    finally
      LPicture.Free;
    end;
  end;
end;
```

Die Grundzüge der Routine zum Importieren eines Bildes kennen wir ja bereits. Neu ist zum einen der Aufruf der Routine *BildVerrauschen*, daneben geben wir in Label *lblBildgroesse* die Anzahl der Pixel aus, damit wir abschätzen können, wie viel Text da rein passt.

An das Bildrauschen müssen wir jetzt nicht höchste Anforderungen stellen, von daher verwenden die die Pascal-Random-

Funktion und, mit einer *xor*-Funktion verknüpft, eine komprimierte Datei (jpeg, mp3, ...). Also weisen wir mal den entsprechenden Labeln (nicht nur *Datei Bildrauschen*, sondern auch den
Labels auf den Seiten *Text 1* bis *Text 3*) die folgende *OnDblClick*-
Ereignisbehandlungsroutine zu, die wir ja auch bereits kennen:

```
procedure TForm1.label_1_1DblClick(Sender: TObject);
var
  LLabel: TLabel;
begin
  if OpenDialog1.Execute then
  begin
    LLabel := (Sender as TLabel);
    LLabel.Hint := OpenDialog1.FileName;
    LLabel.Caption := ExtractFileName(
      OpenDialog1.FileName);
  end;
end;
```

Das Erzeugen des Bildrauschens sieht dann wie folgt aus:

```
procedure TForm1.BildVerrauschen(ABitmap: TBitmap);
var
  LStream: TMemoryStream;
  Lx, Ly, i: integer;
  LFarbe, LRauschen: TColor;
  LCrypt: byte;

  function GetByte: byte;
  begin
    Move((LStream.Memory + i mod
        LStream.Size)^, LCrypt, 1);
    result := LCrypt xor random(256);
    inc(i);
  end;

begin
  randomize;
  LStream := TMemoryStream.Create;
  try
```

131

```
LStream.LoadFromFile(label_bildrauschen.Hint);
i := random(LStream.Size);
for Ly := 0 to ABitmap.Height - 1 do
begin
   for Lx := 0 to ABitmap.Width - 1 do
   begin
      LFarbe := ABitmap.Canvas.Pixels[Lx, Ly];
      LFarbe := LFarbe and $FEFEFE;
      LRauschen := (GetByte + (GetByte shl 8)
         + (GetByte shl 16)) and $010101;
      ABitmap.Canvas.Pixels[Lx, Ly]
         := LFarbe or LRauschen;
   end;
   end;
   finally
      LStream.Free;
   end;
end;
```

Schauen wir uns zunächst den Hauptteil der Routine an: Zunächst wird mit *randomize* der interne Zufallszahlengenerator initialisiert, dann erzeugen wir einen MemoryStream und laden damit die ausgewählte Datei. Den „Startwert" i setzen wir auf einen zufälligen Wert.

Nun gehen wir in zwei verschachtelten Schleifen durch das komplette Bild und ermitteln die Farbe des jeweiligen Pixels. Durch eine and-Operation mit $FEFEFE (das wäre binär 11111110 11111110 11111110) setzen wir das letzte Bit in jedem Farbkanal auf 0.

Nun holen wir mit GetByte für jeden Farbkanal einen zufälligen 8-Bitwert, mit entsprechenden Bitschiebe-Operationen setzen wir das zu einem 24-Bit-Farbwert zusammen. Hier führen wir nun eine *and*-Operation mit $010101 durch, damit ist sichergestellt, dass in jedem Farbkanal nur das letzte Bit gesetzt sein kann.

Farbe und Rauschen führen wir dann mittels einer *or*-Operation zusammen und weisen es dem entsprechenden Pixel zu.

Schauen wir uns noch *GetByte* an: Wir holen das jeweils nächste Byte aus dem Stream, erreichen wir das Stream-Ende, so fangen wir wieder am Anfang an – die entsprechende Verwendung des *mod*-Operators hatten wir ja auch bereits. Dieses Byte wird mit einer *xor*-Operation mit einem Zufallswert verknüpft und dem Ergebniswert result zugewiesen. Es bleibt, *i* mit der Routine *inc* um eins zu erhöhen.

5.2.2 Die Texte verschlüsseln und verstecken

In das Speichern der Bilder steigen wir wieder mit der Abfrage des Dateinamens ein, sowie einer Sicherheitsabfrage, falls es eine solche Datei bereits geben sollte:

```
procedure TForm1.btnSaveClick(Sender: TObject);
var
   fn: string;
begin
   if SaveDialog1.Execute then
   begin
      fn := SaveDialog1.FileName;
      if FileExistsUTF8(fn) then
      begin
         if MessageDlg('Datei existiert bereits',
            'Soll die Datei "' + fn
            + '"überschrieben werden?',
            mtConfirmation, [mbYes, mbNo], 0)
                = mrYes then
            VerschluesselnUndSpeichern(fn);
      end
      else
         VerschluesselnUndSpeichern(fn);
   end;
end;

procedure TForm1.VerschluesselnUndSpeichern(
   AFileName: string);
begin
```

```
    Screen.Cursor := crHourGlass;
    try
      VerschluesselnText(0, Memo1.Lines.Text);
      VerschluesselnText(1, Memo2.Lines.Text);
      VerschluesselnText(2, Memo3.Lines.Text);
      Image1.Picture.SaveToFile(AFileName);
    finally
      Screen.Cursor := crDefault;
    end;
end;
```

Bei größeren Textmengen kann der Vorgang ein wenig länger dauern, deshalb setzen wir für die Dauer des Vorgangs den „Sanduhr"-Cursor (der bei den moderneren Betriebssystem auch keine Sanduhr mehr ist). Auch hier verwenden wir eine *try..finally..end*-Konstruktion, damit im Fehlerfall der Cursor (Mauszeiger) auch wieder zurückgesetzt wird.

Das Verschlüsseln selbst ist in die Routine *VerschluesselnText* ausgelagert, anschließend wird das Bild gespeichert.

Die Routine *VerschluesselnText* hat eine lokale Routine zum Verstecken des Textes:

```
procedure TForm1.VerschluesselnText(
  AIndex: integer; AText: string);
var
  LMemoryStream: TMemoryStream;

  procedure lokTextVerstecken;
  var
    i, j, LBit: integer;
    LWert: byte;
    LFarbe: TColor;
    Lx, Ly: integer;
    LPic: TPicture;
  begin
    LPic := Image1.Picture;
    LMemoryStream.Position := 0;
    for i := 0 to LMemoryStream.Size - 1 do
```

```
begin
  Lwert := LMemoryStream.ReadByte;
  for j := 0 to 7 do
  begin
    LBit := ((Lwert shr j) and $01);
    Lx := (i * 8 + j) mod LPic.width;
    Ly := (i * 8 + j) div LPic.width;
    LFarbe := LPic.Bitmap.Canvas.Pixels[Lx, Ly];
    LFarbe := (LFarbe and ($FFFFFF
        - ($01 shl (AIndex * 8))))
        or (LBit shl (AIndex * 8));
    LPic.Bitmap.Canvas.Pixels[Lx, Ly] := LFarbe;
  end;
end;
end; // procedure lokTextVerstecken
```

Die Routine für das Verstecken des Textes gleicht weitgehend
derjenigen, die wir am Anfang des Kapitels bereits verwendet
haben, es gibt jedoch ein paar Unterschiede: Zunächst einmal
den, dass aus einem Stream und nicht aus einem Text gelesen
wird, und um den Quelltext kürzer zu halten, machen wir aus
Image1.Picture die lokale Variable *LPic*.

Für jedes zu verschlüsselnde Byte ermitteln wir wieder acht Pixel
aus dem Bild und schreiben deren Farbwert jeweils nach *LFarbe*.
Mit diesem 24-Bit-Wert führen wir jetzt zunächst einmal eine
and-Operation mit *$FFFFFE*, *$FFFEFF* oder *$FEFFFF* durch, je
nach dem, in welchem Farbkanal wir unseren Stream verstecken
möchten. Den Operanden für diese *and*-Operation hätten wir auch
mit einer Verzweigung ermitteln können, kürzer formuliert geht
es jedoch mit

```
($FFFFFF - ($01 shl (AIndex * 8))
```

In *AIndex* haben wir den Wert 0, 1 oder 2, das mit 8 multipliziert
ergibt 0, 8 oder 16. Wenn wir den Wert $01 um 0, 8 oder 16 Stellen
nach links verschieben, so kommt $000001, $000100 oder
$=010000 dabei heraus. Dies von $FFFFFF abgezogen ergibt den
gewünschten Wert. Dazu zu setzende Bit fügen wir wieder mit
einer *or*-Operation hinzu, auch da verwenden wir eine Bitschiebe-
Operation um 0, 8 oder 16.

```
begin
  if CheckGroup1.Checked[AIndex] then
  begin
    LMemoryStream := TMemoryStream.Create;
    try
      LMemoryStream.WriteBuffer(
        Pointer(AText)^, Length(AText) + 1);
      StreamVerschluesseln2(LMemoryStream,
        AIndex);
      lokTextVerstecken;
    finally
      LMemoryStream.Free;
    end;
  end;
end;
```

Der Hauptteil der Routine prüft zunächst mal ab, ob die betreffende Checkbox von *CheckGroup1* überhaupt gesetzt ist. Wir können ja im Bild drei verschiedene Texte verstecken, und nicht immer wollen wir alle entschlüsseln, und somit haben wir nicht immer alle drei Texte vorliegen, um sie wieder speichern zu können. Da die Texte in unterschiedliche Farbkanäle kommen, können wir sie auch völlig getrennt voneinander bearbeiten.

Ansonsten erzeugen wir hier einen MemoryStream, sorgen mittels eines Ressourcenschutzblockes dafür, dass dieser auch wieder freigegeben wird, lesen den zu versteckenden Text dort ein und rufen die beiden Routinen auf, um den Text zu verschlüsseln und dann zu verstecken – *StreamVerschluesseln2* schauen wir uns gleich noch an.

Die beiden Routinen *StreamVerschluesseln* und *CalcStartwert* übernehmen wir unverändert aus Kapitel 4.3.

Da die Anweisungen zum verschlüsseln und entschlüsseln exakt dieselben sind, verwenden wir dafür keine lokale Routine, sondern lagern das in die Routine *StreamVerschluesseln2* aus:

```
procedure TForm1.StreamVerschluesseln2(
  AStream: TMemoryStream; AIndex: integer);
var
  i: integer;
  s: string;
  LEdit: TEdit;
  LLabel: TLabel;
begin
  for i := 1 to 4 do
  begin
    s := IntToStr(AIndex + 1) + '_' + IntToStr(i);
    LEdit := FindComponent('edt_' + s) as TEdit;
    LLabel := FindComponent('label_' + s) as TLabel;
    StreamVerschluesseln(AStream, LLabel.Hint,
      CalcStartwert(LEdit.Text));
  end;
end;
```

Die Prozedur *StreamVerschluesseln2* ruft die bereits bekannte Routine *StreamVerschluesseln* auf. Dieser haben wir den Stream, den Dateinamen und den Startwert zu übergeben. Den Startwert berechnen wir wieder auf dem Text im Eingabefeld. Mit einer *for*-Schleife sorgen wir dafür, dass dieser Vorgang viermal durchgeführt wird, denn wir haben auch hier vier Kombinationen aus Label für den Dateinamen und Eingabefeld für den Startwert.

Um den Code etwas kürzer zu halten, setzen wir hier den Komponentennamen von Label und Edit als Text zusammen und holen uns mit *FindComponent* eine Referenz darauf. Die Funktion *FindComponent* liefert ein Funktionsergebnis vom Typ *TComponent* zurück, nicht vom Typ *TLabel* oder *TEdit*. Von daher führen wir hier erst eine Typenumwandlung mit dem Operator *as* durch.

Diese Typenumwandlung mit *as* ist eigentlich keine, lediglich akzeptiert der Compiler das Ergebnis vom *FindComponent* danach als *TLabel* beziehungsweise *TEdit*. Allerdings wird zur Laufzeit geprüft, ob der enthaltene Zeiger tatsächlich auf eine *TLabel*- beziehungsweise *TEdit*-Instanz zeigt, andernfalls wird eine Exception ausgelöst.

5.2.3 Die Texte entschlüsseln

Um die Texte wieder zu entschlüsseln, ist zunächst einmal das Bild zu laden:

```
procedure TForm1.btnLoadClick(Sender: TObject);
begin
  if OpenDialog2.Execute then
    LadenUndEntschlusseln(OpenDialog2.FileName);
end;

procedure TForm1.LadenUndEntschlusseln(
    AFileName: string);
var
  s: string;
begin
  Screen.Cursor := crHourGlass;
  try
    Image1.Picture.LoadFromFile(AFileName);
    if EntschluesselnText(0, s) then
      Memo1.Lines.Text := s;
    if EntschluesselnText(1, s) then
      Memo2.Lines.Text := s;
    if EntschluesselnText(2, s) then
      Memo3.Lines.Text := s;
    lblBildgroesse.Caption := 'Bildgröße '
        + IntToStr(Image1.Picture.Width *
        Image1.Picture.Height);
  finally
    Screen.Cursor := crDefault;
  end;
end;
```

Da der Vorgang etwas länger dauern kann, setzen wir den Sanduhr-Cursor und stellen mittels *try..finally..end*-Konstruktion sicher, dass der Cursor auch wieder auf normal umgestellt wird. Dann wird das Bild geladen und für die drei möglichen Texte *EntschluesselnText* aufgerufen. Zuletzt zeigen wir noch die Bildgröße an.

Die eigentliche Arbeit passiert dann wieder in *EntschluesselnText*:

```
function TForm1.EntschluesselnText(
  AIndex: integer; var AText: string): boolean;
var
  LMemoryStream: TMemoryStream;

  procedure lokTextErmitteln;
  var
    i, j, LBit, LShift: integer;
    s, t: string;
    LWert: byte;
    LFarbe: TColor;
    Lx, Ly: integer;
  begin
    LWert := 0;
    for Ly := 0 to Image1.Picture.Height do
    begin
      for Lx := 0 to Image1.Picture.Width - 1 do
      begin
        LFarbe := Image1.Picture.Bitmap.Canvas.
          Pixels[Lx, Ly];
        LBit := (LFarbe shr (AIndex * 8))
          and $01;
        LShift := (Lx + Ly * 8) mod 8;
        LWert := LWert + LBit shl LShift;
        if LShift = 7 then
        begin
          LMemoryStream.WriteByte(LWert);
          LWert := 0;
        end;
      end;
    end;
  end; // procedure lokTextErmitteln
```

Beim Ermitteln des Textes müssen wir diesmal anders vorgehen, als wir das am Anfang des Kapitels getan haben. Dort haben wir so lange gelesen, bis das Zeichen $00 gekommen ist. Da wir hier jedoch verschlüsselte Daten haben, können wir das nicht mehr zum Kriterium machen.

139

Also gehen wir durch das komplette Bild, ermitteln von jedem Pixel die Farbe und extrahieren – je nach AIndex – das letzte Bit im Farbkanal rot, grün oder blau.

Jeweils acht dieser Bits fügen wir zu *LWert* zusammen. Dazu muss das folgende Bit immer um eine Position weiter nach links geschoben werden. Um zu ermitteln, um wie viele Bits geschoben werden muss, wird in der Variable *LShift* ein Wert zwischen 0 und 7 ermittelt. Der Variable *LWert* wird das entsprechend geschobene Bit hinzuaddiert.

Hat *LShift* den Wert 7, so haben wir anschließend ein komplettes Byte zusammen. Dies schreiben wir in den Stream und setzen anschließend *LWert* auf 0.

```
begin
  result := CheckGroup1.Checked[AIndex];
  if result then
  begin
    LMemoryStream := TMemoryStream.Create;
    try
      lokTextErmitteln;
      StreamVerschluesseln2(LMemoryStream, AIndex);
      LMemoryStream.Position := 0;
      SetLength(AText, LMemoryStream.Size);
      LMemoryStream.ReadBuffer(Pointer(AText)^,
        LMemoryStream.Size);
    finally
      LMemoryStream.Free;
    end;
end;
```

Im Hauptteil der Routine prüfen wir dann zunächst einmal, ob wir den jeweiligen Text – wir haben ja bis zu drei – überhaupt entschlüsseln sollen. Wenn dies der Fall ist, dann erzeugen wir erst mal einen Stream und holen den verschlüsselten Text aus dem Bild. Anschließend rufen wir *StreamVerschluesseln2* auf – die nochmalige *xor*-Operation stellt ja da Original wieder her.

Dann haben wir hier noch eine Besonderheit: Einen Variablen-Parameter. Da wir – je nachdem, ob wir entschlüsseln oder nicht – den Wert *true* oder *false* zurückgeben, haben wir das Funktionsergebnis bereits verwendet. Wie bekommen wir nun den entschlüsselten Text aus der Funktion heraus?

Es gibt da mehrere Möglichkeiten, zum Beispiel die Definition eines eigenen Typs für das Funktionsergebnis oder das Abspeichern des Textes in eine globale Variable. Wir verwenden hier einen sogenannten Variablen-Parameter, der wir in der Parameter-Liste mit einem *var* gekennzeichnet haben:

function TForm1.EntschluesselnText(
AIndex: integer; **var** AText: string): boolean;

In diesem Fall wird nicht eine Kopie des Wertes als Parameter an die Routine übergeben, sondern eine Referenz auf das Original, in diesem Fall die Variable *s*:

if EntschluesselnText(2, s) **then**
Memo3.Lines.Text := s;

Wenn wir also den Parameter ändern, dann ändern wir auch gleich die Variable *s*. Zurück zu unserer Routine: Mit *SetLength* stellen wir sicher, dass die String-Variable die passende Länge bekommt, und mit *ReadBuffer* schreiben wir dann den Stream in diese Variable. Anschließend können wir den Stream wieder freigeben.

5.2.4 Bequemlichkeit

Damit die Dateien für die Verschlüsselung nicht jedes mal wieder ausgewählt werden müssen, wollen wir sie auch hier wieder in einer Ini-Datei speichern und die Sicherheit über die Passwortlänge gewährleisten.

Wenn es ganz sicher sein soll, dann können Sie diese Routinen auch weglassen, alternativ vor kritischen Situationen die Dateien entfernen oder andere auswählen.

Bequemlichkeit legen wir auch bei der Erstellung dieser Routinen an den Tag, sie sind direkt aus Kapitel 4 kopiert, lediglich die Namen und Zahl der Labels wurde erhöht. Übersehen Sie bitte nicht *label_bildrauschen.*

```
procedure TForm1.FormCreate(Sender: TObject);

  procedure lokRead(ALabel: TLabel);
  var
    s: string;
  begin
    s := FIni.ReadString(ALabel.Name, 'Hint', '');
    if s <> '' then
    begin
      ALabel.Hint := s;
      ALabel.Caption := ExtractFileName(s);
    end;
  end;

begin
  FIni := TMemIniFile.Create(ChangeFileExt(
    Application.ExeName, 'ini'));
  lokRead(label_1_1);
  lokRead(label_1_2);
  lokRead(label_1_3);
  lokRead(label_1_4);
  lokRead(label_2_1);
  lokRead(label_2_2);
  lokRead(label_2_3);
  lokRead(label_2_4);
  lokRead(label_3_1);
  lokRead(label_3_2);
  lokRead(label_3_3);
  lokRead(label_3_4);
  lokRead(label_bildrauschen);
end;
```

```
procedure TForm1.FormDestroy(Sender: TObject);
begin
  FIni.WriteString(label_1_1.Name, 'Hint',
    label_1_1.Hint);
  FIni.WriteString(label_1_2.Name, 'Hint',
    label_1_2.Hint);
  FIni.WriteString(label_1_3.Name, 'Hint',
    label_1_3.Hint);
  FIni.WriteString(label_1_4.Name, 'Hint',
    label_1_4.Hint);
  FIni.WriteString(label_2_1.Name, 'Hint',
    label_2_1.Hint);
  FIni.WriteString(label_2_2.Name, 'Hint',
    label_2_2.Hint);
  FIni.WriteString(label_2_3.Name, 'Hint',
    label_2_3.Hint);
  FIni.WriteString(label_2_4.Name, 'Hint',
    label_2_4.Hint);
  FIni.WriteString(label_3_1.Name, 'Hint',
    label_3_1.Hint);
  FIni.WriteString(label_3_2.Name, 'Hint',
    label_3_2.Hint);
  FIni.WriteString(label_3_3.Name, 'Hint',
    label_3_3.Hint);
  FIni.WriteString(label_3_4.Name, 'Hint',
    label_3_4.Hint);
  FIni.WriteString(label_bildrauschen.Name,
    'Hint', label_bildrauschen.Hint);
  FIni.UpdateFile;
  FIni.Free;
end;
```

6

In den vorherigen Kapiteln ging es um die Speicherung von Daten, nicht um deren Übertragung. Natürlich lässt sich auch eine mit XOR verschlüsselte Datei über das Internet versenden, und wenn es sich um ein Bitmap handelt, dann wissen Außenstehende noch nicht einmal, dass da Daten drin versteckt sind (wobei der Versand von unkomprimierten Bilddateien schon einen gewissen Verdacht erregen könnte – zumindest dann, wann man kein Graphiker ist). Und wenn der Empfänger weiß, mit welchen Musikdateien und welchen Startwerten die Daten verschlüsselt wurden, dann kann er auch den Inhalt lesen.

In diesem Kapitel geht es um Kommunikation, genauer um den Austausch von kurzen Nachrichten, zum Beispiel über einen Chat, einen Kurznachrichtendienst, einen Messenger, oder was für Dienste man dafür auch immer nutzen kann.

6.1 Anforderungen

Die Verschlüsselung von Chat-Nachrichten unterscheidet sich erst mal nicht groß von der Verschlüsselung anderer Texte, und auch hier werden wir wieder unsere Datei-Startwert-Kombinationen einsetzen. Allerdings gibt es hier ein paar Sachen, die wir anders lösen müssen:

- Wir haben viele kurze Nachrichten, sollten den Schlüssel aber nur einmal verwenden. Nun ist es enorm unpraktisch, nach jeder eingegebenen Nachricht komplett den Schlüssel zu tauschen. Also nehmen wir unterschiedliche Stellen eines entsprechend langen Schlüssels.

Wir haben eine Zeichensatzproblematik: Bislang haben wir Bytes direkt auf die Festplatte geschrieben (oder in einem Bild versteckt), da waren alle 256 möglichen Werte eines Bytes zugelassen. Dies ist jetzt nicht mehr der Fall, also müssen wir dafür sorgen, dass nur diejenigen Zeichen verwendet werden, die sicher übertragen werden.

Und bezüglich der Praxistauglichkeit: Um die verschlüsselten Texte zum Chat-Programm, Messenger oder was auch immer zu übertragen, verwenden wir die Zwischenablage. Das sollte möglichst automatisch passieren, damit das nicht zu viel Zeit kostet. Und das Programmfenster sollte eher klein sein, damit es neben dem Chat-Programm auf den Bildschirm passt.

6.2 Die Umsetzung

Wir beginnen mal wieder ein neues Projekt, setzen da eine *TPageControl*-Komponenten auf das Formular und richten da die Seiten *Chat* und *Schlüssel* ein. Diese beiden Seiten füllen wir entsprechend Bild 6.2 mit weiteren Komponenten:

Bild 6.1: Die beiden Seiten des Dialogs

Die folgenden Routinen übernehmen wir 1:1 aus dem Projekt in Kapitel 4:

```
procedure FormDestroy(Sender: TObject);
procedure Label1DblClick(Sender: TObject);
function CalcStartwert(AText: string): cardinal;
```

6.2.1 Text verschlüsseln

Um einen Text zu verschlüsseln, wird dieser im oberen Memo eingegeben und der Button btnSenden geklickt:

```
procedure TForm1.btnSendenClick(Sender: TObject);
var
  LRandom, i: integer;
  LMemoryStream: TMemoryStream;
  LText, LText2: string;
begin
  LRandom := random(MaxInt);
  LText := memSenden.Lines.Text;
  LMemoryStream := TMemoryStream.Create;
  try
    LMemoryStream.WriteBuffer(Pointer(LText)^,
      Length(LText));
    StreamVerschluesseln(LMemoryStream,
      Label1.Hint, CalcStartwert(Edit1.Text),
      LRandom);
    StreamVerschluesseln(LMemoryStream,
      Label2.Hint, CalcStartwert(Edit2.Text),
      LRandom);
    StreamVerschluesseln(LMemoryStream,
      Label3.Hint, CalcStartwert(Edit3.Text),
      LRandom);
    StreamVerschluesseln(LMemoryStream,
      Label4.Hint, CalcStartwert(Edit4.Text),
      LRandom);
    LMemoryStream.Position := 0;
    SetLength(LText2, LMemoryStream.Size);
```

```
      LMemoryStream.ReadBuffer(Pointer(LText2)^,
        LMemoryStream.Size);
      LText2 := IntToHex(LRandom, 8) + ' '
        + EncodeStringBase64(LText2);
      Clipboard.AsText := LText2;
    finally
      LMemoryStream.Free;
    end;
end;
```

Die Routine gleicht in weiten Teilen der Routine *TextSpeichern* aus Kapitel 4: Wir holen einen Text in den Stream und rufen dann viermal die Routine *StreamVerschluesseln* auf. Es gibt jedoch Unterschiede:

Zunächst einmal ermitteln wir einen Zufallswert, den wir in *LRandom* speichern und der Routine *StreamVerschluesseln* dann mit übergeben. Es wurde vorhin erläutert, dass wir jeweils einen Teilbereich des Schlüssels verwenden wollen. Dazu addieren wir ganz pragmatisch dem Startwert, den wir aus den vier Schlüsseln ermitteln, noch einen zufälligen Wert hinzu. Dieser Wert muss dann auch dem Empfänger bekannt sein, dazu später.

Den durch die Routine *StreamVerschluesseln* verschlüsselten Stream speichern wir dann in die Variable *LText2*, die zuvor auf die passende Länge gebracht wurde, danach kann *ReadBuffer* aufgerufen werden. Dann kommt ein sehr wichtige Codezeile:

```
      LText2 := IntToHex(LRandom, 8) + ' '
        + EncodeStringBase64(LText2);
```

Zunächst einmal muss dem Empfänger der zufällig ermittelte Wert *LRandom* bekannt gemacht werden, sonst bekommt er die Nachricht nicht entschlüsselt. Dieser Wert wird einfach in einen String gewandelt und der Nachricht vorangestellt. Damit das ein wenig kürzer wird, verwenden wir hier die hexadezimale Schreibweise, somit die Routine *IntToHex*. Als zweiten Parameter übergeben wir hier die Zahl der Stellen, die verwendet werden soll, hier 8 – das macht es uns dann beim Entschlüsseln einfacher, weil wir von einer konstanten Zeichenzahl ausgehen können.

Und dann wird der verschlüsselte Text noch Base64-codiert, dazu gibt es in der Unit *base64* (die wir einbinden – also in die Uses-Klausel schreiben – müssen) die Routine *EncodeStringBase64*. Mit dieser Routine sorgen wir dafür, dass nur Bytes verwendet werden, die sicher übertragen werden können.

Kleiner Exkurs Base64-Codierung: Egal, was für ein Zeichensatz verwendet wird, die Groß- und Kleinbuchstaben aus dem englischen Alphabet (also nicht die deutschen Umlaute ä, ö und ü) sowie die Ziffern und einige wenige Sonderzeichen werden stets korrekt übertragen. Es gibt also 64 Zeichen, die sicher übertragen werden, damit lassen sich 6 Bit codieren.

Ein Byte hat 8 Bit. Man geht nun ran und macht aus drei Byte – das sind also 24 Bit – vier solcher Base64-Zeichen – das sind auch 24 Bit – und schon lässt sich das übertragen, ohne dass auf Codierungsprobleme Rücksicht genommen werden muss. Auf der Empfängerseite macht man aus vier Base64-Zeichen dann wieder drei Byte. Diese Base64-Codierung ist eine im Internet recht gebräuchliche Technik und wird zum Beispiel bei eMail-Anhängen verwendet – das macht dann allerdings der Mail-Client ganz automatisch, davon bekommen Sie als Anwender nichts mit.

Zurück zu unserem Programm: Wir können *LText2* nun in die Zwischenablage speichern. In der Unit *clipbrd* (auch in der Uses-Klausel einbinden) gibt es die bereits erzeuge *TClipboard*-Instanz *Clipboard*. Deren Eigenschaft *AsText* wird einfach diesen Text zuweisen. Zum Schluss räumen wir noch den Stream weg.

Die Routine *StreamVerschluesseln* hat einen weiteren Parameter bekommen, *AStartwert2*:

```
procedure TForm1.StreamVerschluesseln(
  AStream: TMemoryStream; AFileName: string;
  AStartwert, AStartwert2: integer);
var
  i: integer;
  LZeichen, LCrypt: byte;
  LCryptStream: TMemoryStream;
```

```
begin
  if FileExists(AFileName) then
  begin
    LCryptStream := TMemoryStream.Create;
    try
      LCryptStream.LoadFromFile(AFileName);
      for i := 0 to AStream.Size - 1 do
      begin
        Move((AStream.Memory + i)^, LZeichen, 1);
        Move((LCryptStream.Memory + (AStartwert
             + AStartwert2 + i) mod
             LCryptStream.Size)^, LCrypt, 1);
        LZeichen := LZeichen xor LCrypt;
        Move(LZeichen, (AStream.Memory + i)^, 1);
      end;
    finally
      LCryptStream.Free;
    end;
  end;
end;
```

Gegenüber der Routine in Kapitel 4 hat sich fast nichts geändert, lediglich formulieren wir bei der zweiten Move-Anweisung statt *(AStartwert + i)* nun *(AStartwert + AStartwert2 + i)*.

Wir haben nun unseren verschlüsselten Text in der Zwischenablage, da könnte dann aus dem eingegebenen Text *Test* nun Folgendes stehen (da die ersten acht Stellen eine Zufallszahl sind, sieht das bei Ihnen sicher ganz anders aus):

3AD9B963 Mffjow==

Die ersten acht Stellen sind die Zufallszahl, dann kommt ein Leerzeichen. Der Text *Test* hat vier Zeichen, aus angefangenen drei Zeichen machen wir vier Base64-Codierte, sind also insgesamt acht Zeichen.

Die Texte werden also länger, auch wenn das hier ein vergleichsweise extremes Beispiel ist. In die bei Twitter zur Verfügung stehenden 140 Zeichen bekommen Sie mit dieser Methode maximal 99 Zeichen unverschlüsselten Text.

Zuletzt: Die Methode *FormCreate* sieht fast so aus wie in Kapitel 4, Ermittlung des Dateinamens und Erzeugung der Ini sind jedoch hier in einer Codezeile zusammengefasst, und vor allem muss der interne Zufallszahlengenerator mit *Randomize* initialisiert werden.

```
procedure TForm1.FormCreate(Sender: TObject);

  procedure lokRead(ALabel: TLabel);
  var
    s: string;
  begin
    s := FIni.ReadString(ALabel.Name, 'Hint', '');
    if s <> '' then
    begin
      ALabel.Hint := s;
      ALabel.Caption := ExtractFileName(s);
    end;
  end;

begin
  randomize;
  FIni := TMemIniFile.Create(ChangeFileExt(
    Application.ExeName, 'ini'));
  lokRead(Label1);
  lokRead(Label2);
  lokRead(Label3);
  lokRead(Label4);
end;
```

6.2.2 Text entschlüsseln

Der Empfänger der Nachricht kopiert die in die Zwischenablage und ruft dann *btnEmpfangenClick* auf.

```
procedure TForm1.btnEmpfangenClick(Sender: TObject);
var
  LText, LText2: string;
  LStream: TMemoryStream;
  LRandom: integer;
begin
  LText := Clipboard.AsText;
  if (Length(LText) > 9) and (LText[9] = ' ') then
  begin
    LRandom := HexToInt(copy(LText, 1, 8));
    LText2 := copy(LText, 10, MaxInt);
    LText2 := DecodeStringBase64(LText2);
    LStream := TMemoryStream.Create;
    try
      LStream.WriteBuffer(Pointer(LText2)^,
        Length(LText2));
      StreamVerschluesseln(LStream, Label1.Hint,
        CalcStartwert(Edit1.Text), LRandom);
      StreamVerschluesseln(LStream, Label2.Hint,
        CalcStartwert(Edit2.Text), LRandom);
      StreamVerschluesseln(LStream, Label3.Hint,
        CalcStartwert(Edit3.Text), LRandom);
      StreamVerschluesseln(LStream, Label4.Hint,
        CalcStartwert(Edit4.Text), LRandom);
      LStream.Position := 0;
      SetLength(LText2, LStream.Size);
      LStream.ReadBuffer(Pointer(LText2)^,
        LStream.Size);
    finally
      LMemoryStream.Free;
    end;
    memEmpfangen.Lines.Text := LText2;
  end
  else
    memEmpfangen.Lines.Text
      := 'Kein Text zum entschlüsseln!'
      + #13#10 + LText;
end;
```

Hier prüfen wir erst mal, ob der Text mindestens 9 Zeichen hat und das neunte Zeichen ein Leerzeichen ist. Wenn nicht, kann das alles Mögliche sein, ist aber kein Text, den wir hier entschlüsseln können.

Mit der Routine *HexToInt* ermitteln wir dann den Wert LRandom, wir werden uns diese Routine dann noch ansehen. Hier reicht uns zu wissen, dass diese Routine die ersten acht Zeichen bekommt. Mit dem Befehl *copy* kopieren wir uns ab Zeichen 1 acht Zeichen.

Die Zeichen ab Stelle 10 sind der zu entschlüsselnde Text, also kopieren wir ab Zeichen 10 so viele Zeichen, wie wir haben. MaxInt steht für den höchsten Integer-Wert, bei 32-Bit-Systemen sind das etwas über 2 Milliarden, dieser Wert liegt sicher über dem, was wir haben. Somit kopieren wir alles, und wandeln es von Base64-codiert zurück.

Der Rest ist dann wieder Routine: Memory-Stream, Text lesen, viermal *StreamVerschluesseln* aufrufen, Stream zurück nach *LText2* schreiben, Stream freigeben, *LText2* dem Memo zuweisen.

Zuletzt noch einen Blick auf *HexToInt*:

```
function TForm1.HexToInt(AText: string): integer;
var
  i: integer;
  LByte: byte;
  LChar: char;
begin
  AText := AnsiUpperCase(AText);
  if Length(AText) = 8 then
  begin
    result := 0;
    for i := 0 to 7 do
    begin
      LChar := AText[8 - i];
      case LChar of
        '0'..'9': LByte := StrToInt(LChar);
        'A'..'F': LByte
```

```
            := Ord(LChar) - Ord('A') + 10;
      end;
      result := result + (LByte shl (i * 4));
    end;
  end
  else
    result := -1;
end;
```

Zunächst wandeln wir mit *AnsiUpperCase* den kompletten Text in Großbuchstaben, dann prüfen wir sicherheitshalber, ob die Länge von *AText* auch wirklich acht Zeichen beträgt. Bei der Verwendung in btnEmpfangenClick ist zwar nichts anderes zu erwarten, aber möglicherweise setzen Sie die Routine ja mal an anderer Stelle ein. Wir gehen dann in einer Schleife durch die Werte 0 bis 7 und ermitteln damit die Zeichen von hinten nach vorne – das niederwertigste Zeichen haben wir bei Zahlen nun mal ganz am Ende und nicht ganz am Anfang.

```
LChar := AText[8 - i];
```

Was wir bislang auch noch nicht gehabt haben ist eine *case*-Verzweigung: Wenn LChar eine Ziffer ist, können wir das direkt mit *StrToInt* in eine Zahl wandeln. Handelt es sich um einen Buchstaben zwischen *A* und *F*, dann ordnen wir dem die Werte von 10 bis 15 zu. Wie Sie in Kapitel 2 nachlesen können, entspricht der Buchstabe A einem Wert von 65, die darauffolgenden Buchstaben jeweils einem mehr. Wenn wir also *ord('A')* wieder abziehen und 10 dazu zählen, dann kommen wir damit zu den gewünschten Werten.

Der Wert *LByte* wird dann dem Funktionsergebnis *result* hinzu-addiert, jedoch vorher pro Zeichen immer um vier Bit nach links verschoben.

6.3 Anwendung in der Praxis

In der Praxis sind ein paar Schwierigkeiten zu überwinden. Die erste ist der sichere Austausch der Schlüssel – denn diese müssen alle Chat Beteiligten eingeben. In einer Situation wie „Mitarbeiter fährt zur ausländische Außenstelle" lässt sich das vorab klären. Wenn sich jedoch zum Beispiel zwei nette Menschen im Internet kennenlernen, dann wird das erst mal schwierig. Denkbar ist, dass die Schlüssel dann zumindest über andere und verschiedene Kanäle übermittelt werden: Wir verwenden ja bis zu vier Datei-Startwert-Kombinationen.

Davon ausgegangen, dass die Dateien ohnehin in der Ini-Datei gespeichert bleiben und deren Auswahl zur Sicherheit nichts beiträgt, könnte man sich ganz offen darauf einigen, welche Dateien verwendet werden sollen, und die vier Startwerte werden über andere Kanäle übertragen: Einen per SMS, einen über Twitter, einen über WhatsApp und einen über einen anderen Chat. Das ist dann zwar nicht „NSA-sicher", denn wer alle Kommunikationskanäle komplett überwacht, wird auch zumindest die meisten der vier Passwörter abfangen können (soweit bekannt ist, zeichnet die NSA nicht komplett auf, weil das Datenvolumen dann doch zu groß ist). Aber für private Anwendungen ist das deutlich ausreichend, und insbesondere der Betreiber des Chats ist dann in der Kommunikation außen vor.

Die nächste Frage ist, wie lange man die Schlüssel verwenden kann. Nehmen wir mal an, wir haben vier Dateien a' etwa 2 MByte, in Summe also 8 MByte. Dadurch, dass die Dateien unterschiedlich lang sein werden, haben wir auch nach 8 MByte keine direkte Wiederholung, aber wenn wir die verwendeten Dateien nicht geheim halten, durchaus Ansätze zur Entschlüsselung. Gehen wir also vorsichtshalber von 8 Millionen Zeichen aus, die wir verwenden können. Hat eine Chat-Nachricht im Mittel 100 Zeichen (wenn wir – wie auf Twitter – eine 140-Zeichen-Beschränkung haben, dann können wir durch die Über-

155

tragung des Startwertes und der Base64-Codierung ja nur 99 Zeichen verwenden, und es werden die uncodierten Zeichen verschlüsselt), dann können wir problemlos 80 000 Nachrichten versenden. Und auch dann, wenn es ein paar mehr werden, ist nicht gleich die Sicherheit des Verfahrens nicht mehr gegeben, ebenso wenig, wenn zweimal derselbe Startwert verwendet wird, der ja zufällig generiert wird.

Ansonsten lässt sich das Verfahren auch dazu verwenden, um die Metadaten zu verschleiern. Die Metadaten sind die Daten, die nicht der Inhalt der Nachricht sind, sondern Absender, Empfänger, Zeitpunkt, IP-Adressen (über die sich dann Absender und Empfänger wieder halbwegs lokalisieren lassen). Mit solchen Metadaten lassen sich recht einfach soziale Netzwerke rekonstruieren („wer kommuniziert mit wem").

Möchte man Metadaten verschleiern, dann nutzen die Teilnehmer ganz unterschiedliche Dienste und möglicherweise auch noch ganz unterschiedliche Zeiten. Beispielsweise stelle ich eine Nachricht auf Twitter, nach Möglichkeit noch mit einem recht geläufigen Hash-Tag, Sonntag abends zum Beispiel #*tatort*. Nach diesem Hash-Tag suchen ausreichend viele, so dass der Empfänger nicht alleine schon durch die Suche nach dem Hash-Tag auffällt – und er folgt mir natürlich auch nicht, wir wollen ja die sozialen Netzwerke verschleiern. Da jedoch die so verschlüsselten Nachrichten leicht als solche zu erkennen sind, lassen sie sich von Hand ausfiltern, und alles, was nach der Entschlüsselung einen sinnvollen Text ergibt, ist an den jeweiligen Empfänger gerichtet.

Die Antwort stellt derjenige dann zum Beispiel irgendwo in ein gut frequentiertes Internet-Forum, irgendwo an das Ende seines Beitrages.

Für jemand, der das Netz komplett überwacht, ist dieses Verfahren nicht komplett unknackbar, es treibt aber den Aufwand deutlich nach oben, da es die Zahl der möglichen Empfänger um ein paar Zehner-Potenzen nach oben treibt.

Index